図解

眠れなくなるほど面白い

世界の宗教

大正大学文学部教授
星川啓慈 監修
KEIJI HOSHIKAWA

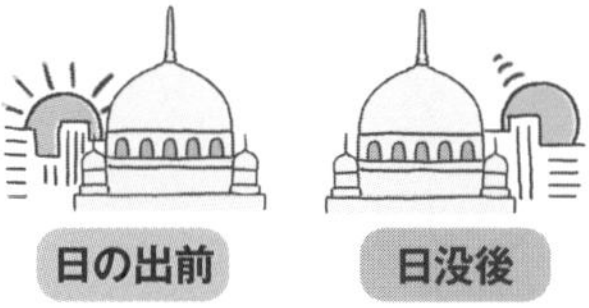

ムスリムは日々
どんな決まりを実践するの？

仏教はどのようにして
広まっていった？

イエスはどんな教えを
説いたの？

日本文芸社

はじめに

「みなさん、人はいかに生きるべきでしょうか」

急にこんなふうに問われたら、困りますよね。私も、日ごろからこんなことを考えているわけではありません。しかし、ときどき、このような問題が頭をもたげてきます。

また、みなさんも、「死」についていつも考えているわけではないでしょう。でも、何かがきっかけとなって、死について思いをめぐらすようになることも、人にはあります。

宗教は、昔から、「自分はいかに生きるべきか」「どのように死に向かい合えばよいのか」、さらに「自分はいったい何者なのか」という疑問に答え続けてくれています。

それだけではありません。宗教は「周りの人たちのために何をしたらよいのか」「どうしたら住みよい社会になるのか」などといったことについても教えてくれます。

だからこそ、人類の最初期から現在にいたるまで、宗教はさまざまな形をとりながらも、ずっと信じられ続けてきているのです。また、特定の「宗教」という明確なものを信じていなくても、人間には誰にでも「宗教的なところ」があります。それは、多くの小説・映画・アニメ作品などを見ても納得できるでしょう。

しかし、宗教にはこうしたよい面ばかりがあるのではありません。「宗教は戦争の原因か否か」という論争がずっと続けられてきています。私には、対立する二つの論陣はほぼ同じような力関係にあるように見えます。この問題は難しくて、どちらかに軍配をあげることはできません。でも、「宗教には戦争を推し進める側面がある」ことは否定できないように思われます。

私は、「宗教間対話」とか「宗教と戦争の関係」についても思いをめぐらせてきました。宗教が持っている、人生や社会にプラスになる側面と、争いをあと押しするマイナスの側面との二つの側面に目を向けることも大切ではないでしょうか。

たとえば、「テロは撲滅《ぼくめつ》すべきだ」という見解は、宗教の「正戦論」（正義や平和を守るためには必要最小限の武力行使はやむをえないとする立場）と関係があるかもしれません。正義や平和を守るというのは、いうまでもなく、大切なことです。でも、だからといって、殺人・殺戮《さつりく》がそうやすやすと容認されていいわけでもないでしょう。

宗教はこうした難問にも深く関わっているのです。

＊　＊　＊

本書では、やさしい言葉と図・写真などによって、世界の三大宗教を中心に、多くの宗教について解説しました。「宗教について読者の皆さんにぜひ知ってもらいたい」という意気込みが伝わってくるでしょう。

人の生きかたや死への対応のしかたのみならず、現在の国際化された社会と世界の諸宗教との関わりを知るためにも、本書が役立つことを願っています。

2020年7月吉日

星川　啓慈

もくじ

眠れなくなるほど面白い　図解　世界の宗教

第1章　キリスト教――イエスが説いた神の愛

第2章 イスラム教 ――アッラーへの絶対的帰依

第3章 仏教 ――ブッダが悟った人生の真理

第4章 神道 ―― 森羅万象が神の民族宗教

第5章 世界のそのほかの宗教 ——土着の宗教から新宗教まで

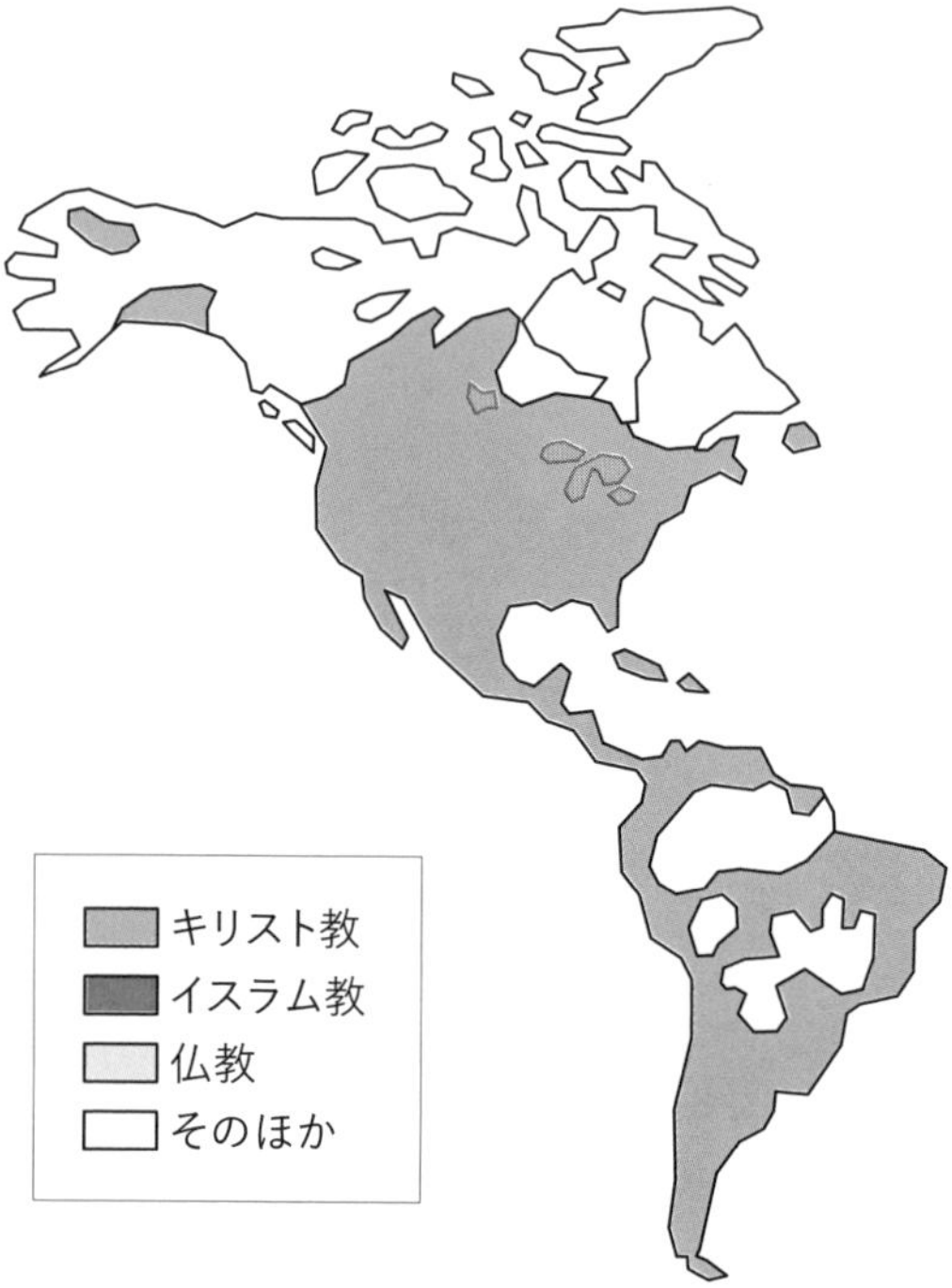

*外務省ほかの資料による

世界の三大宗教のおおよその分布

それぞれの範囲内にそのほかの宗教が混在している場合もある。
三大宗教以外にヒンドゥー教、儒教・道教などの中国伝統宗教の信者数が多い

構成・文 …… 阿南正起
イラスト …… 竹口睦郁
写真提供 …… フォトライブラリー
ピクスタ
装幀・本文デザイン・DTP …… Isshiki
編集協力 …… 風土文化社

プロローグ

なぜ世界には、さまざまな宗教があるのか

人間の心という側面から宗教を考える

人間は弱い存在です。古代から現代にいたるまで、天変地異をはじめとした自然の脅威はこわいですし、死についても恐怖を感じてきました。

そんな人間が、大自然の偉大さ、あるいは宇宙の壮大さを実感したとき、おのずと宗教的になるのは自然の流れといえるかもしれません。

「はじめに」でも述べられているように、特定の宗教は信じていなくても、思わず何かに手を合わせたくなるように、信仰心が芽生えてくることは大いにあり得るのです。

このようなことから、人類の誕生とともに宗教が存在したといえます。その証拠に、呪術《じゅじゅつ》や祈《き》祷《とう》、祈願などの宗教的営みの跡が、古代の遺跡から発見されています。6万年前のネアンデルタール人が死者を埋葬していたこともわかっています。

古代の人々が、自分たちを取り巻く自然には人知《じんち》を超えた普遍的な秩序や法則があり、それらは神によって創造されたのだと考えたとしても、まったく不思議ではありません。

また、人間が死んだらどうなるのかといった不安や疑問に対して、その答えを与えてくれるのが宗教だという見かたもあります。

死の不安、存在の不安を取り払ってくれるのが宗教であり、逆にいえば、死や自然の猛威への恐怖とか不安をもとにして生まれたのが、宗教だったともいえるわけです。

そして、自分たちを取り巻く世界を解釈するための特定の秩序や法則を受け入れ、同じ考えかたを共有する人々が集まることで、さまざまな宗教の集団（教団）が生まれていきました。教団は教義や教典を整備したり、布教や礼拝の活動を行なったり、信仰のための場を建設したりすること

世界の宗教人口割合

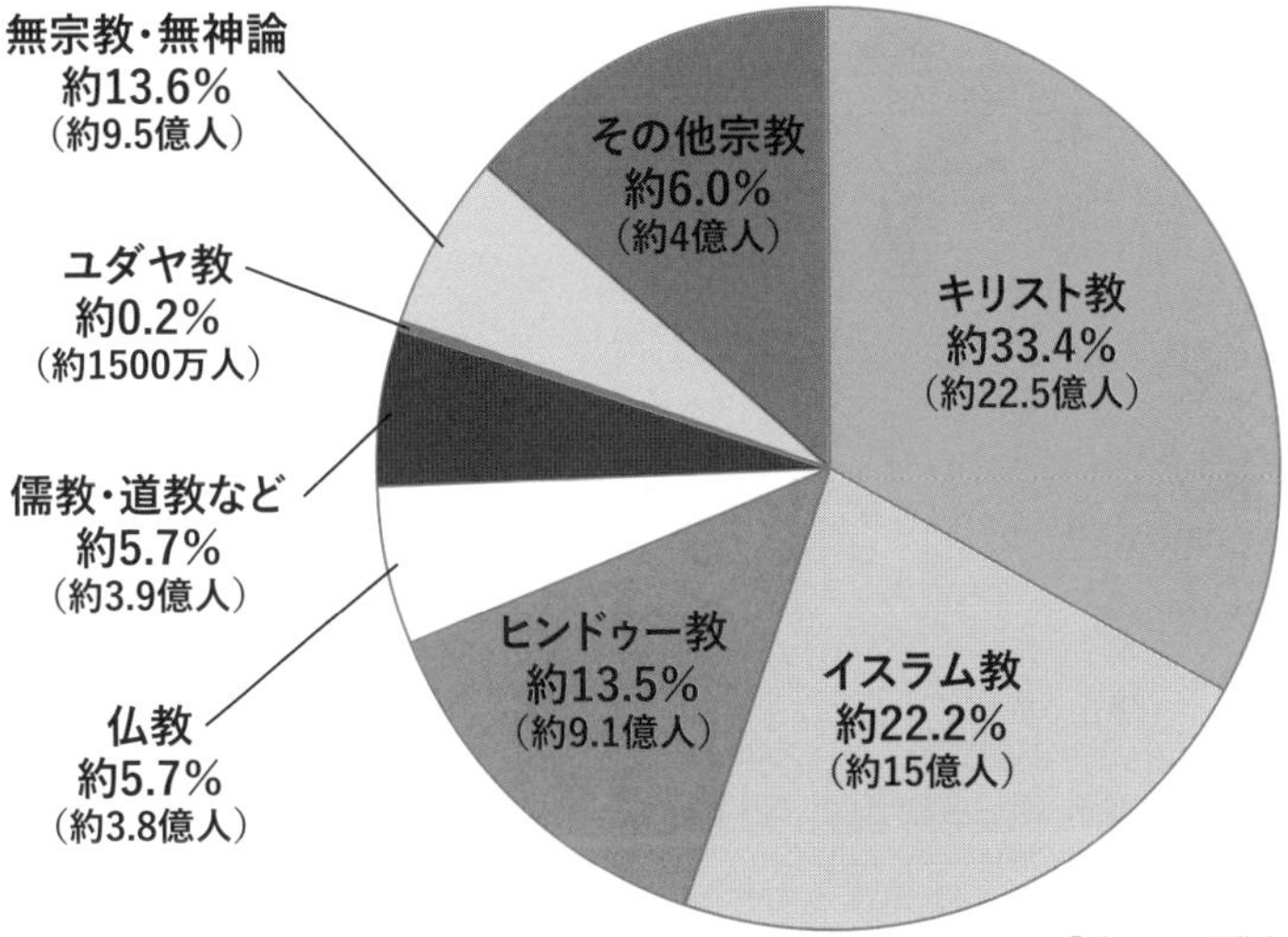

＊『ブリタニカ国際年鑑』などによる

で発展していきます。

世界の三大宗教といわれるキリスト教、イスラム教、仏教をはじめとして、多彩な宗教とその教団は、このようなプロセスを経てこんにちまで存続し、世界中の人々に信仰されているのです。

宗教には民族宗教と創唱宗教の二つがある

もう一つあります。どうして世界にいろいろな宗教があるのかを考えるにあたって、「民族宗教」と「創唱《そうしょう》宗教《しゅうきょう》」という視点もその手がかりになるはずです。

民族宗教は、創始者や起源がはっきりせず、民族の形成とともにいつしかできあがってきた信仰の形態です。それぞれの民族が伝えてきた神話や伝承が重視されています。しばしば王や首長、さらには自らの民族そのものが神に選ばれた民である、あるいは神の末裔《まつえい》である、と信じられていたりします。

神話は大きく、創世神話《そうせいしんわ》と英雄神話とに分けられますが、創世神話では、混沌《こんとん》からいかにして秩序が生まれてきたのかといった世界の起源や、自らの民族や文化がいかにしてできたのかなどのストーリーが展開されます。

一方、英雄神話は、日本神話の倭《やまと》建《たけるの》命《みこと》（日本武尊）や須佐之男命《すさのおのみこと》、ギリシャ神話のアキレウスやヘラクレス、ゲルマン神話のジークフリートなどが有名です。

日本の神道、中国の道教、インドのバラモン教、中東のユダヤ教などが、民族宗教の代表的なものといえます。

これに対して、創唱宗教は明確な創始者を持ち、教義やその歴史もはっきりしている宗教です。キリスト教、イスラム教、仏教がその代表的なものです。

しかし、このように世界的に広まった宗教だけでなく、ローカルで小規模な宗教でも創唱宗教と呼べるものがたくさんあります。ただし、この場合の創始者というのは、あくまで一つの新しい宗教を創造した人物で、ルターのような分派のリーダーは含まれません。

マハーヴィーラによって創始されたジャイナ教、ナーナクによって創始されたシーク教などが創唱宗教ですが、日本でも多くの創唱宗教があります。中山みきによって創始された天理教、赤沢文治《あかざわぶんじ》によって創始された金光教《こんこうきょう》、出口《でぐち》なお・王仁三郎《おにさぶろう》によって創始された大本《おおもと》などです。

創唱宗教の特徴として、その宗教が生まれた地域に古くから存在した民族宗教から大きな影響を受けて誕生したことがあげられます。仏教やジャイナ教はバラモン教から、キリスト教やイスラム教はユダヤ教から、シーク教はヒンドゥー教からから影響を受けています。

また、日本の新宗教は、仏教系であれば伝統的な仏教宗派に、神道系であれば神道に影響を受けて誕生しました。こうしたことを念頭に、第1章からの本文を読み進めてください。

第1章

キリスト教

イエスが説いた
神の愛

起源

キリスト教

教祖イエスの生涯って、どんなものだった？

32歳ごろ布教を始め、最期は十字架刑に

『新約聖書《しんやくせいしょ》』の『福音書《ふくいんしょ》』（20ページを参照）によれば、イエスは紀元前4年ごろ、いまのイスラエルのガリラヤ地方のナザレに生まれ、紀元30年ごろ没したとされています。父はヨセフ、母はマリアで、兄弟姉妹たちがいたようです。**イエスはユダヤ人であり、ユダヤ教の礼拝堂であるシナゴーグでの礼拝に参列し、＊律法《りっぽう》を学びました。**

父の仕事を継いで大工となり、母マリアや兄弟を養いましたが、32歳のころヨルダン川のほとりでユダヤ教の宣教師ヨハネから洗礼を受けます。その後、荒野で修行を積み、教えを説き始めて弟子たちが集まります。布教活動の地は主にガリラヤですが、エルサレムでも何度か行なっています。

イエスの活動は、「**主《しゅ》の御霊《みたま》が私には宿っている。貧しい人々に神の言葉を伝えるために、私は神から遣わされた**」という言葉に集約されます。この教えは、選民思想《せんみんしそう》（選ばれた者だけが救われるという考え）では救われない、虐《しいた》げられた特に貧しいユダヤ人から絶大な支持を得ました。

また、病人を癒《いや》したり、死者を蘇《よみがえ》らせたりするなどの奇跡をなしたといわれています。

ところが、ユダヤ教の律法を厳守する道徳的なパリサイ派の指導者などから、イエスは危険人物とみなされることになります。そして、弟子であったイスカリオテのユダに裏切られ、皇帝に対する反逆の罪で囚われることになり、ゴルゴダの丘で十字架刑に処せられたのです。

イエスの実質的な布教活動は2年程度で、処刑されたのは34～35歳くらいだったといわれています。

イエスの活動と生涯

イエスの活動地図

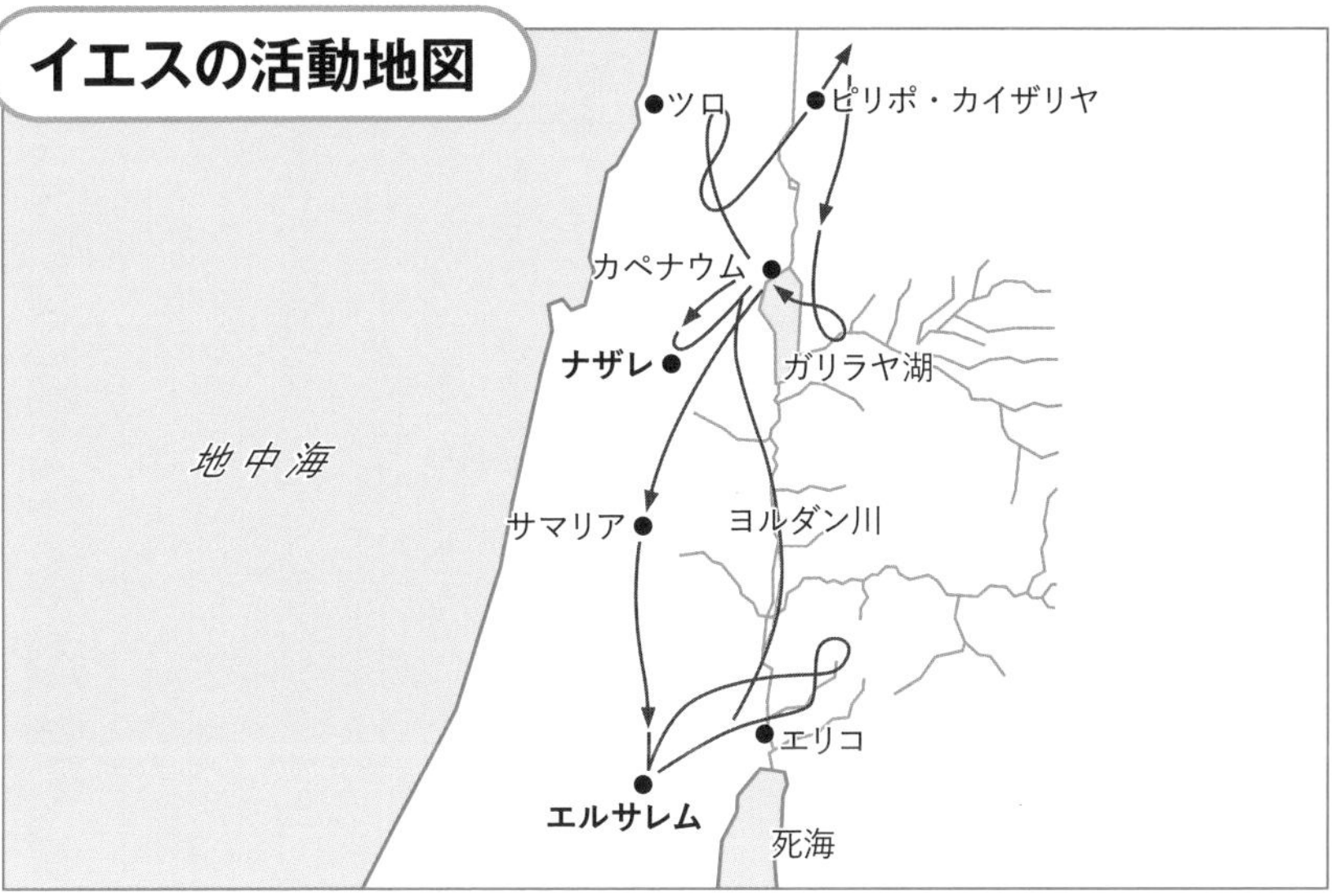

イエスの生涯

誕生

紀元前
4年ごろ

→

洗礼

32歳ごろ
ヨルダン川で、ヨハネから受ける

→

修行

荒野で誘惑を受け、40日間断食

→

処刑

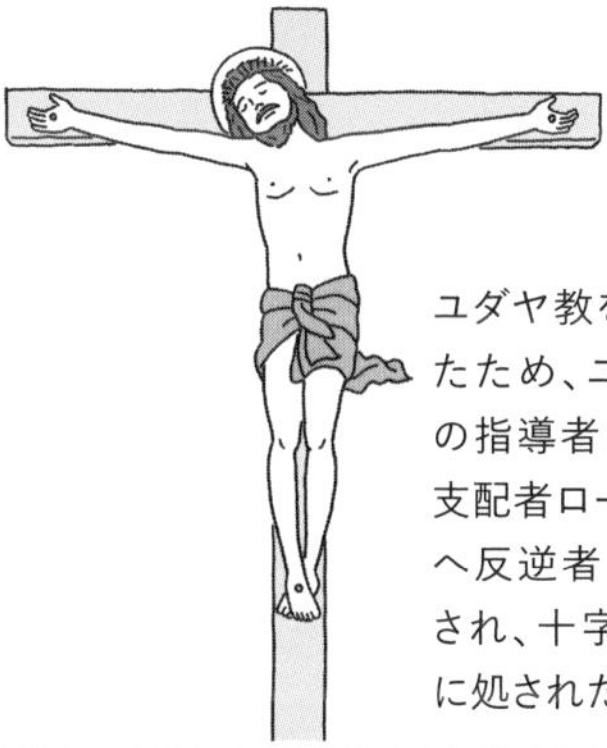

ユダヤ教を批判したため、ユダヤ人の指導者によって支配者ローマ帝国へ反逆者として渡され、十字架に磔《はりつけ》に処された

＊**律法**：法律や決まりごと、戒律。宗教によってとらえかたは異なり、キリスト教では生活上の規範というほどの意味合いがある。『旧約聖書』全体を指すともいわれる。

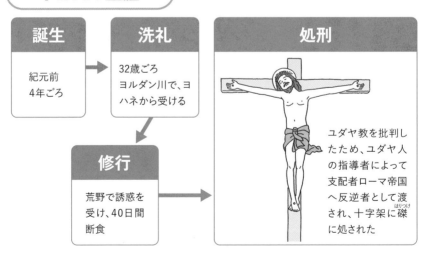

教義

キリスト教

イエスはどんな教えを説いたの？

「神や隣人を愛しなさい」ということを説く

キリスト教の本質は、「神の愛」といえます。たとえば、『ルカによる福音書』には、「貧しい人々は、幸いである、神の国はあなたがたのものである。いま飢えている人々は幸いである、あなたがたは満たされる。いま泣いている人々は、幸いである、あなたがたは笑うようになる」という一節があり、「神の愛」を説いています。

前項でお話ししましたが、紀元28年ごろ、イエスはユダヤ教の宣教師ヨハネから洗礼を受けます。厳格な律法主義を特色とするユダヤ教に対して、一種の宗教運動を展開していたのがヨハネだったのですが、イエスは彼からの影響もあって「神の愛」を説く独自の宣教活動を開始したのです。

伝統的なユダヤ教は、「神の正義」を強調します。正義を強調すると、救済されるのは「強者」や「善人」となります。これに対して「弱者」の立場に立ったイエスは、「神の愛」を強調することで、「弱者」や「罪人」にも救済の手を差し伸べ、大きな支持を得ていきます。

イエスの教えをわかりやすくいえば、**「神に愛されるように、あなたの隣人を愛しなさい」「自分を愛するように、神を愛しなさい」**ということになります。つまり、神が愛するように、自分も神を愛することで救いの道が開かれるということです。

ユダヤ教の神が「罰する神」とするならば、**キリスト教の神は「許す神」**だといえます。「自分がしてもらいたいと思うことを他人にしなさい」という欧米の倫理観は、こうしたバックグラウンドから生まれたといえるのではないでしょうか。

イエスの教え

「神に愛されるように、神を愛しなさい」

さて、イエスは目を上げ、弟子たちを見て言われた。／「貧しい人々は、幸いである／神の国はあなたがたのものである。／今飢えている人々は、幸いである／あなたがたは満たされる。／今泣いている人々は、幸いである／あなたがたは笑うようになる。／人々があなたがたを憎むとき、また、人の子のためにあなたがたを排斥し、罵り、その名を悪しきものとして捨て去るとき、あなたがたは幸いである。（ルカによる福音書/6章 20-22節）

「自分を愛するように、あなたの隣人を愛しなさい」

キリスト教の愛の精神を実践したマザー・テレサ（1910～1997年）の像。隣人愛によってたくさんの人に救いの手を差し延べ、1979年ノーベル平和賞を受賞。カトリック教会の聖人でもある。インド各地に像が建てられている

教義

キリスト教

キリスト教の教義の根本はどこにある？

「三位一体」の考えかたが根本的な教義の一つ

キリスト教の**信仰の中心にあるのは、イエスによって全人類の贖罪《しょくざい》がなされたという信仰です。**キリスト教の神は、愛とあわれみを持って人々を導き、祝福をもたらす恩寵《おんちょう》の神なのです。

キリスト教では神を「父よ」と呼びかけます。この神は、唯一絶対の神であると同時に、「創造神としての父なる神」「*救世主《きゅうせいしゅ》（メシア）としての神の子イエス」「聖霊としての神」という三つの異なる姿を持っていると考えられています。

これをキリスト教では「三位一体《さんみいったい》」と呼び、根源的な教義の一つとされているのです。では、どうして唯一の神が三つの異なる顔を持つのでしょうか。キリスト教では、創始者であるイエスを神が遣わした存在であるととらえると同時に、イエスは神そのものであるとも受け止められているからです。

これを説明するために生み出されたのが、「三位一体」の思想です。いいかえれば、神がイエスという人間となって現れ、イエスが神のもとに帰ったのちに、イエスのかわりとして聖なる霊＝聖霊を遣わしたというわけです。これは、イエスが死後3日目に復活したという奇跡につながっていきます。

この「三位一体」はキリスト教固有のもので、『新約聖書』ではじめて表された考えかたです。しかし、三位一体思想を巡ってはさまざまな教学論争がこれまで延々と繰り返されてきました。そうした意味で、キリスト教の教義は「永遠に完結しない」といえるかもしれません。

「三位一体」はキリスト教の教義

神は唯一の存在であるが、その実体は「父、子（イエス）、聖霊」の三つの位相である

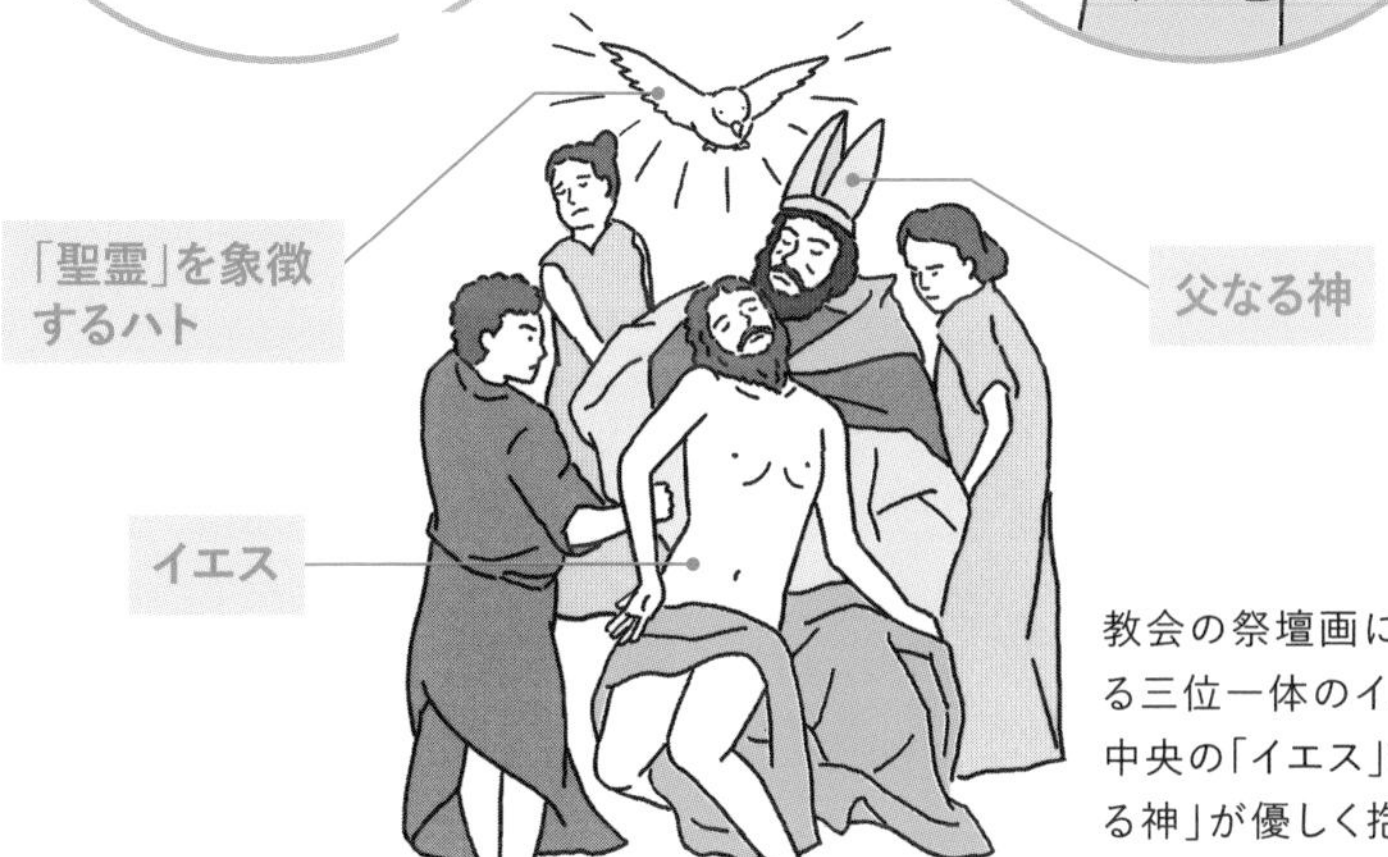

教会の祭壇画に描かれる三位一体のイメージ。中央の「イエス」を「父なる神」が優しく抱きかかえ、側には「聖霊」を象徴するハトが飛んでいる

＊**救世主**：人々や世界を救ってくれるとされる人物のこと。キリスト教ではイエスのことで、ユダヤ教ではまだ到来していないとされている。

教典

キリスト教

『旧約聖書』と『新約聖書』はどう違うの？

ヘブライ人の歴史とイエスの言行など

キリスト教の聖典とされるのが、『旧約聖書《きゅうやくせいしょ》』と『新約聖書《しんやくせいしょ》』です。このうち『旧約聖書』は、もともとユダヤ教の聖典であったものがキリスト教に取り込まれ、「神との古い契約の書」という意味で「旧約」の名で呼ばれるようになりました。

『旧約聖書』の根幹をなすのは、ヘブライ人の歴史であり、それをいかにとらえるかという歴史観です。全39巻の文書で構成されていますが、そのなかの「モーセ五書（律法書）」では、天地創造から人類の誕生、イスラエル王国の誕生と分裂、*バビロンの捕囚《ほしゅう》などのヘブライ人の歴史が述べられています。

『旧約聖書』に対して、「神との新しい契約」という意味の『新約聖書』は、左のページにあるように全27巻の文書からなっています。冒頭には、イエスの言行を記録する4巻の「福音書」が配されています。次に、イエスにつき従った初期の使徒たちの活躍を記録した「使徒言行録《しとげんこうろく》」が収録されています。

そして、最後にあるのが「ヨハネの黙示録《もくしろく》」です。その内容は、世界の終わりとイエスの勝利を詳細に語るもので、迫害に苦しむ信者を勇気づけ、信仰の最終的な勝利を暗示するものといわれています。

『新約聖書』を構成する多様な文書は、イエスの言行と初期のキリスト教における重要な証言や伝承を書きとどめたものです。もともと、その内容は一様ではありませんでしたが、イエスの死後100年ほどの間に各種の記録・伝承が集積された結果、まとめられたのです。

27巻からなる新約聖書

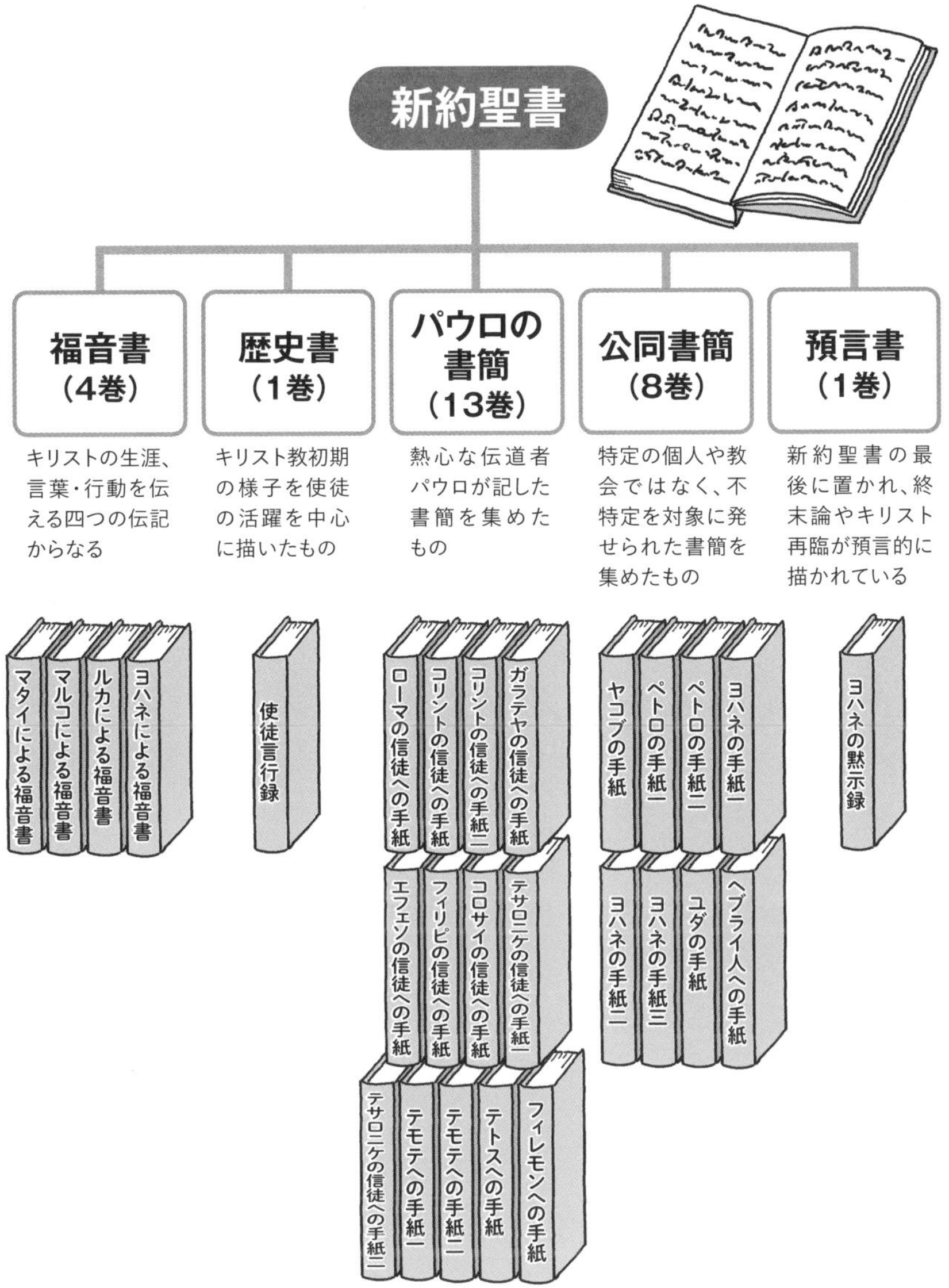

＊**バビロンの捕囚**：紀元前586年、ユダ王国がバビロニアに征服されたが、その際、ユダヤ人がバビロンに連行され捕らえられた事件。約半世紀後の紀元前538年に解放された。

発展

キリスト教

ローマ帝国の国教となったあと、どうなった？

ローマ帝国の発展と分裂に何度も翻弄された

イエスの死後、ユダヤ教による迫害が続きました。しかし、**熱心な伝道者パウロらの活躍によって、キリスト教は地中海沿岸地域をはじめ、ギリシャ、ローマへと拡大していきます。**こうしたキリスト教の浸透に対して、*ローマ帝国《ていこく》は、国家の転覆をもたらす恐れがあると危機感を抱くようになり、キリスト教への迫害を強めていきました。

ところが、このような困難ななかでもキリスト教の教圏は拡大し続け、313年にキリスト教を帝国内の公認の宗教とすることが宣言されます。**392年には、キリスト教はローマ帝国の「国教」の地位を与えられました。**

その一方で、教会は帝国の支配機構に組み込まれ、皇帝による干渉を招くことになりました。

395年、ローマ帝国は東西に分割統治に。東ローマ帝国は、新たに首都としたコンスタンチノープル（現イスタンブール）のキリスト教会の地位を向上させ、ローマにあった伝統的な教会の勢力を相対的に低下させようとしました。その結果、コンスタンチノープル教会はローマ教会と肩を並べ、互いの勢力を競うことになります。

西ローマ帝国は異民族の侵入によって476年に滅亡し、後ろ盾を失った西方教会《せいほうきょうかい》は苦難を強いられますが、教会や教皇の権力は帝国からの独立を保つことができました。

東方教会《とうほうきょうかい》は東ローマ帝国の支配に従属しました。**962年、西ローマ帝国の復興を名目にドイツに神聖《しんせい》ローマ帝国が成立し、西方教会＝ローマ・カトリック教会の教皇は、皇帝とともに神聖ローマ帝国の首長として並び立つことになります。**

キリスト教の発展　ローマ国教へ

初期キリスト教会への迫害

ネロによる迫害

ローマ大火をキリスト教徒のせいにして火あぶりなど

ディオクレティアヌスによる迫害

キリスト教徒にローマの神々への祭儀参加の強要

公認・ローマの国教化

- 313年　コンスタンティヌス
ミラノ勅《ちょく》令《れい》
- 322年　キリスト教の公認
- 392年　テオドシウス１世
ローマの国教
- 756年　フランク国王ピピン
土地を寄進
➡教皇領の始まり

＊**ローマ帝国**：古代、西洋で最大の帝国。紀元前８世紀ごろに興(おこ)り、紀元２世紀ごろの最盛期には、東は小アジア、西はイベリア半島、南はアフリカ(地中海沿岸)、北はブリテン島に及んだ。

発展

キリスト教

十字軍の遠征の目的って、本当は何なの？

名目は聖地奪還だが利権獲得の目論見も

11世紀の地中海地域には、神聖ローマ帝国（ローマ・カトリック教会）と東ローマ帝国（東方教会）がありました。東ローマ帝国の東側ではイスラム教が勢力を伸ばし、北アフリカやイベリア半島にまで教圏を拡大してキリスト教圏に迫っていました。

こうして、*イスラム王朝のセルジューク朝によってパレスチナが占領されます。これに対して、**東西の両ローマ帝国が協力して、聖地エルサレムの奪還を旗印にし、さらに政治的、経済的利権も得る目的に組織されたのが十字軍《じゅうじぐん》です。**フランス人を中心に組織された第1回の十字軍は1096年に出発し、1099年にエルサレムを占拠。エルサレム王国が創設され、しだいに支配地域を拡大していきました。

ところが、十字軍は結果的に、当時分裂していたイスラム勢力に結束をもたらすことになりました。十字軍は合計7回派遣されますが、最終的にはイスラム勢力の反撃によって西アジアを追われることになりました。

聖地奪還に失敗した十字軍は、本来の目的を達することはできなかったのです。

十字軍を支えた宗教的理念は、エルサレムがイエスの受難《じゅなん》の地であり、そのゆかりの地である聖《せい》墳墓《ふんぼ》（イエス・キリストの墓）への巡礼を最高の目的にしたことにありました。それを異教徒から奪還しようというのが十字軍の目的だったわけですが、聖地エルサレムをめぐるキリスト教、ユダヤ教、イスラム教の葛藤は、左のページにあるように現代まで引き継がれています。

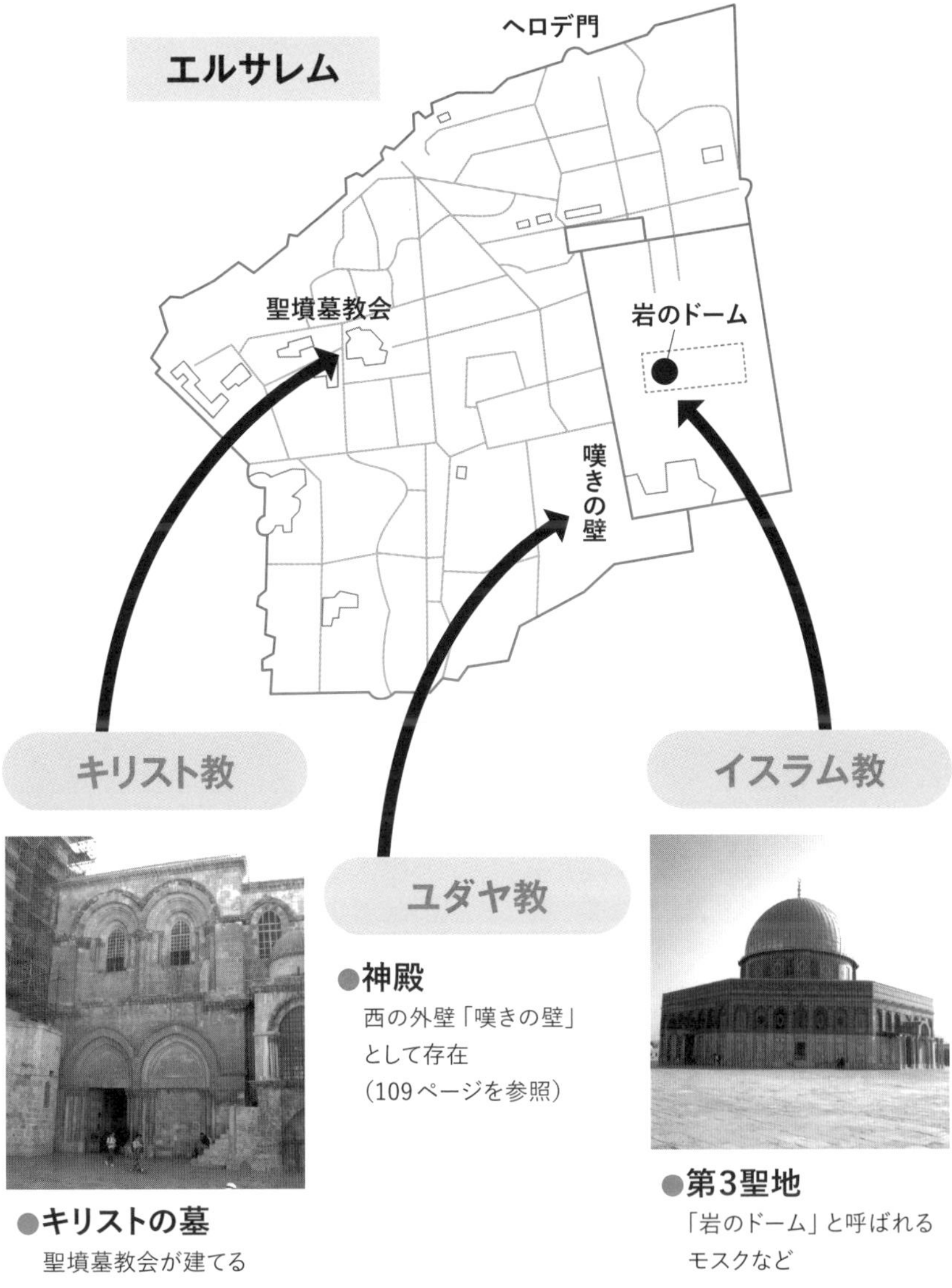

＊**イスラム王朝**：イスラム教徒の君主（スルタン）が支配する国家のこと。セルジューク朝は、11～12世紀、現在のイラン、イラク、トルクメニスタンの一帯に存在していた。

発展

キリスト教

宗教改革って結局、どんな運動だった？

旧来からの教会を否定する新しい教派の活動

15世紀になると、ローマ教会の教皇《きょうこう》が財政政策の一環として＊免罪符《めんざいふ》を乱発しました。しかし、これをきっかけにローマ教会に対する批判が起こり、カトリック教会内部から宗教改革《しゅうきょうかいかく》を訴える動きが巻き起こります。

その発端となったのが、ドイツのマルティン・ルターです。**16世紀初頭、大学の神学教授のルターは数多くの宗教書を刊行して教皇庁を批判し、宗教改革を訴えました。**

ちなみに、ここで大きな力となったのが、当時登場したばかりの印刷技術です。

運動はやがて、「抗議者」を意味するプロテスタントと呼ばれるようになり、旧来の教派＝カトリックに対して、新興の教派＝プロテスタントへと発展していきます。ルターが提唱したプロテスタントの共通原理は、信仰義認《しんこうぎにん》、聖書主義、万人《ばんにん》祭司主義《さいししゅぎ》（万人司祭主義）というものです。

信仰義認は、人は善行ではなく、信仰のみによって神から正しいものとして認められるという考えかたです。聖書主義は、伝承主義を否定して聖書のみを信仰の根拠とするもので、万人祭司主義は聖職者も平信者も神の前では等しく祭司であるというものです。

続いてスイスでは、カルヴァンがルターのあとを受けて宗教改革を主導し、教会制度の改革などを行なっていきました。また、イギリスでも国王の離婚問題を契機に独自の教会であるイギリス国教会が成立することになります。

この宗教改革以降、新旧両派の争いから、各地で宗教戦争が頻繁《ひんぱん》に起こることになります。

プロテスタントの広まりと主張

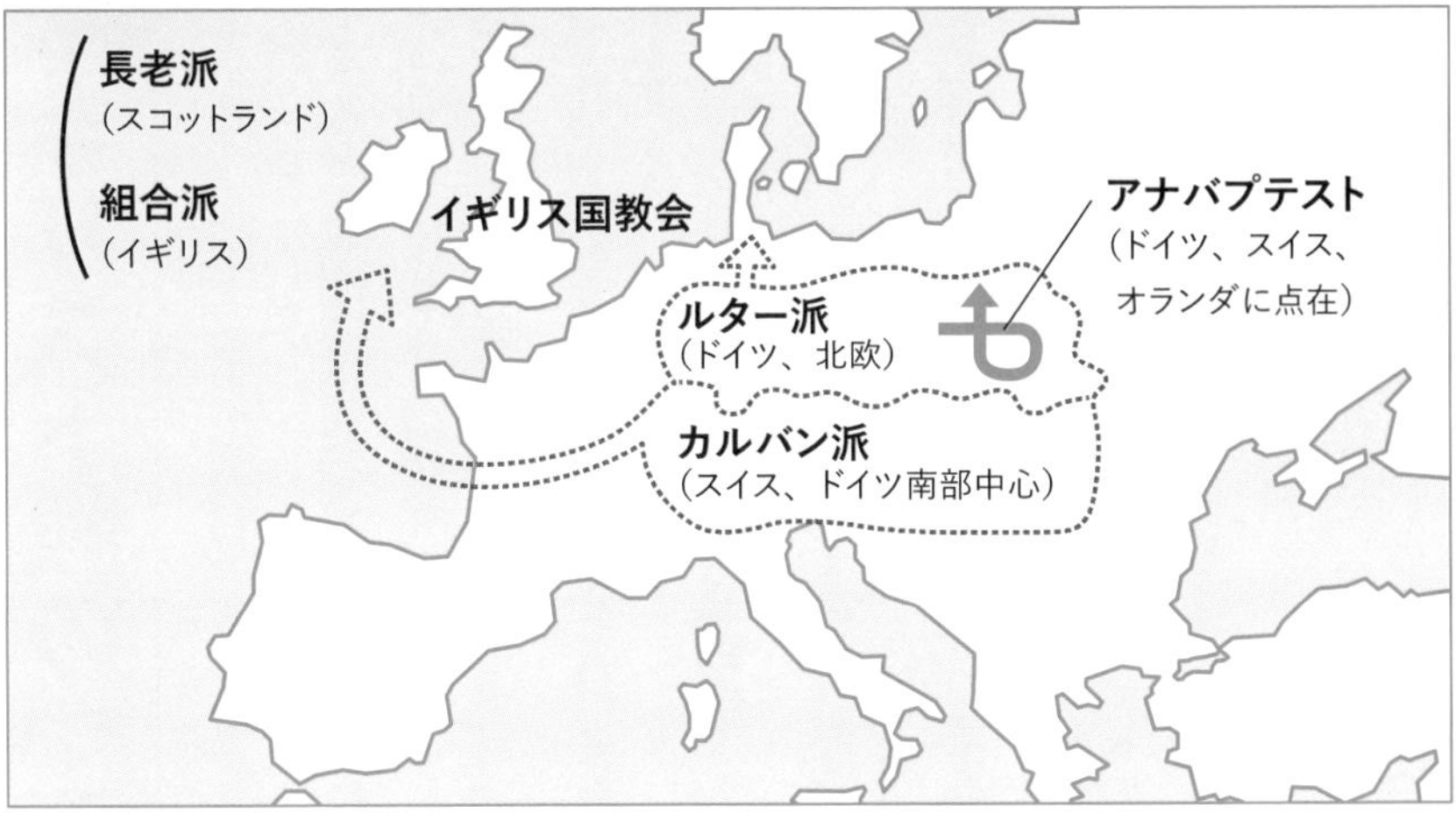

主張

カトリック教会		プロテスタント
善行	⇔	信仰義認 信仰重視
伝承主義	⇔	聖書主義 聖書が信仰の根拠
聖職者と平信徒の区別	⇔	万人祭司主義

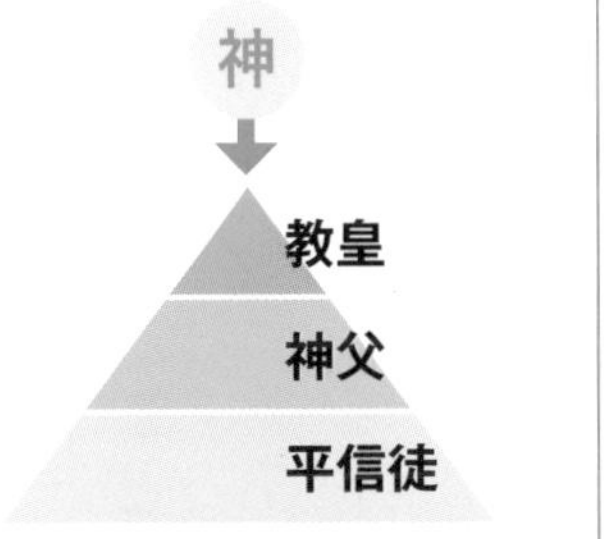

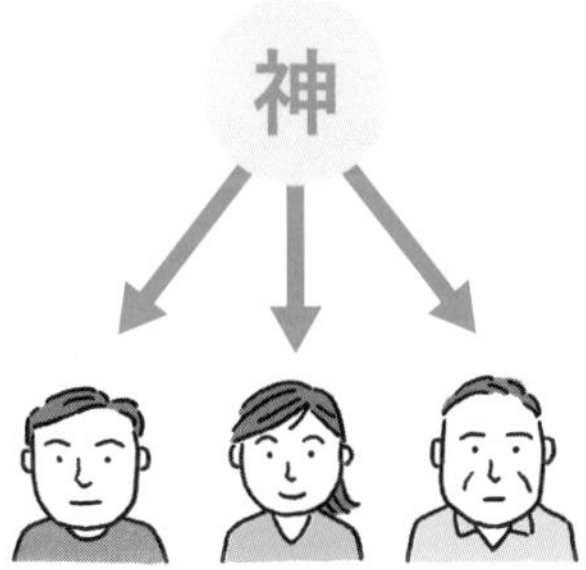

＊**免罪符**：献金を行なうことなどで罪をつぐなうことを免除されるとして発行された証書。中世の末期には、教会の財源を増やすため、しだいに乱発されるようになった。

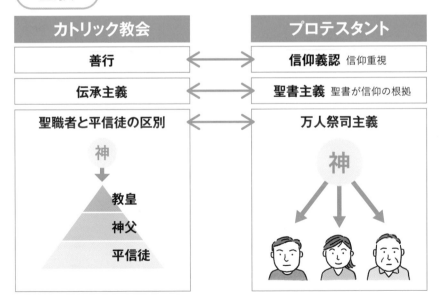

戒律

キリスト教

キリスト教の「十戒」って、どんなもの？

神に身を捧げ、かつ隣人を愛することが戒め

イエスが人々に説いたさまざまな教えの根幹にあるのは、神と人とに対する愛が人としての務めだということです。16〜17ページでお話しした「神に愛されるように、神を愛しなさい」「自分を愛するように、あなたの隣人を愛しなさい」という教えに、それは端的に表れています。

では、キリスト教徒としてのこうした戒律はどこから生まれてきたのでしょうか。それが、『旧約聖書』の『出《しゅつ》エジプト記』に出てくる十戒《じっかい》です。その内容は、左のページにあるとおりです。

『出エジプト記』というのは、エジプトで奴隷《どれい》生活を送っていたユダヤの人民を、*モーセがリーダーとなって脱出させる物語で、その途中、シナイの荒野で神から十戒という「律法」を与えられることになります。

このうち、**第1から第4は、神に身を捧げ、その支配に従うことを求める宗教的な戒めとなっています。そして、第5から第10は、隣人に対する愛、いいかえれば倫理の根本を説いた戒めといえるのです。**

ちなみに、『旧約聖書』の『創世記《そうせいき》』では、天地創造の壮大な物語が展開されます。神は6日間かけて、光、昼夜、太陽、月、海、陸、動植物などのあらゆるものをつくり、最後に神自身をかたどった人間をつくり、すべてを支配するようにいいました。

そして、7日目に休息をとったのです。

このほか『旧約聖書』には、「アダムとイブ」「ノアの方舟《はこぶね》」「バベルの塔」といったよく知られた話も出てきます。

キリスト教徒の戒律である十戒とは？

＊**モーセ**：紀元前16～紀元前13世紀に活動した古代イスラエルの民族指導者。海を二つに割り開いて道をつくったというエピソードで知られている。

儀式

キリスト教

教会で行なわれる儀式には何がある？

カトリックとプロテスタントでは異なる秘蹟

キリスト教、特にカトリックには、さまざまな決めごとや儀式があります。そのバックグラウンドとなっているのが、「秘蹟《ひせき》」（サクラメント）という考えかたです。

キリスト教徒は、さまざまな儀式によって神に出会い、それぞれの秘蹟による恩寵《おんちょう》を受け、神に救われるとされています。

たとえば、キリスト教に入信するには、まずキリスト教の信仰を告白し、教会に入会する必要があります が、この入信儀式が「洗礼《せんれい》」です。カトリックの場合、幼児期に両親の意思によって行なわれるのが幼児洗礼で、幼児洗礼を受けた子どもは、成人して自覚的に信仰を持った段階で改めて信仰告白式《しんこうこくはくしき》（堅信《けんしん》）を行ない、ここで一人前のキリスト教徒と認められることになります。

教会で行なわれる儀式のなかで最も重要なものと位置づけられているのがミサ（プロテスタントでは礼拝《れいはい》）です。毎日曜日、教会に信者が集まり、聖書の朗読や説教、祈り、讃美歌《さんびか》の合唱などが行なわれます。

特にカトリックでは、イエスの肉体と血のシンボルであるパンとぶどう酒を信者に施《ほどこ》すことが、ミサのなかで大きな意味を持ちます。これが聖体《せいたい》拝領《はいりょう》（聖餐式《せいさんしき》）という秘蹟です。このようなミサの儀式は、特にカトリックではその進めかたが厳密に決められていますが、プロテスタントの場合はかなり柔軟に行なわれています。

なおプロテスタントでは、左にある七つの秘蹟のうち、洗礼と聖体拝領の二つだけを重要な秘蹟としています。

七つの秘蹟

洗礼《せんれい》

多くの聖職者は生まれてまもない子どもの額に水をかけ、名前を授ける。教派によって大人になってから行なう考えもあり、全身を水に浸けることもある

聖体拝領《せいたいはいりょう》（聖餐式《せいさんしき》）

キリストの肉と血にあたるパンとぶどう酒またはぶどうジュースを信者に与える。キリストの受難と復活をあずかり、教会とより深く結ばれる

告解《こっかい》

信者が犯した罪を話して懺悔をし、聖職者がそれに許しを与える

婚姻《こんいん》

教会で聖職者によって行なわれる。キリストと教会の霊的な結合も象徴し、神の民を増やしていく意味もある

終油《しゅうゆ》（塗油《とゆ》）

病人、死を迎えようとしている人たちに手をあてながら祈りを唱える。聖油を塗布することで死への準備とされる

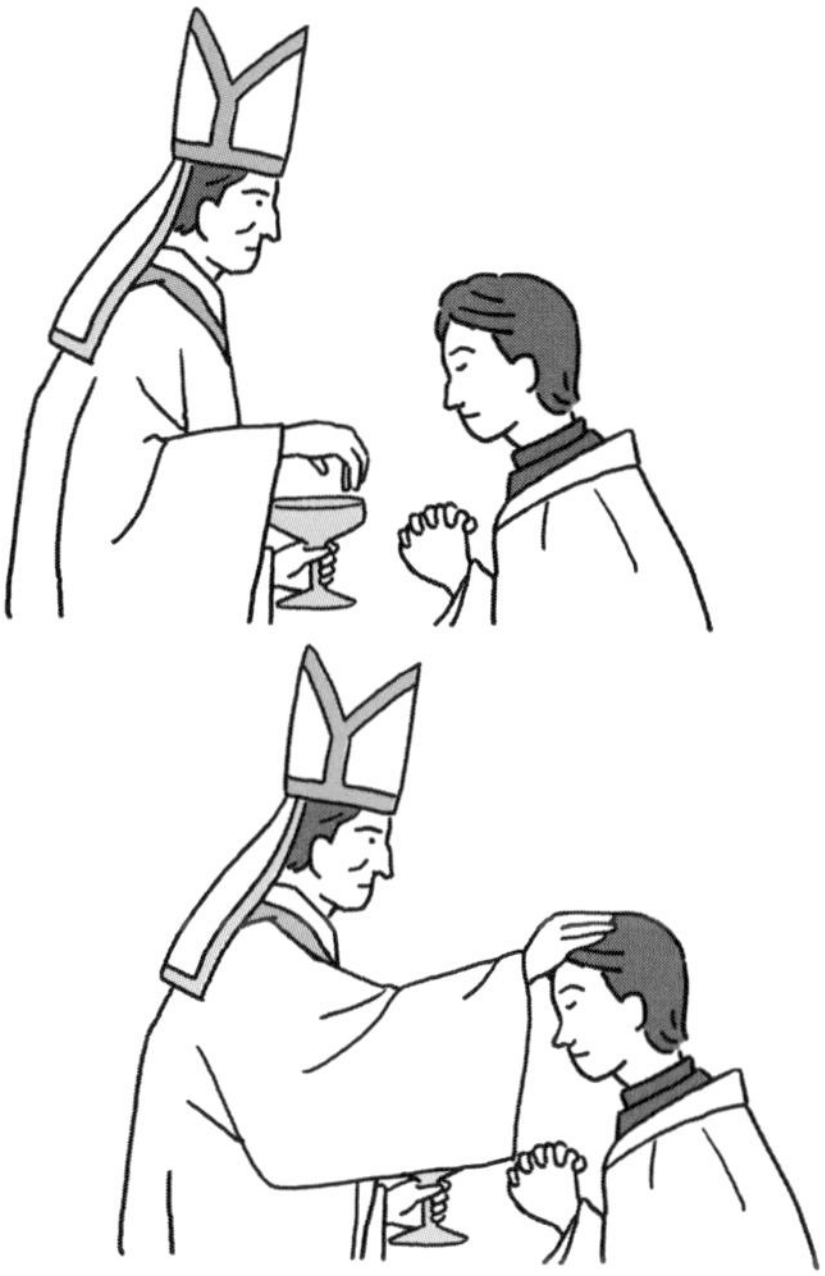

洗礼の様子。これは「滴礼（てきれい）」と呼ばれ、頭部に水滴をつける。宗派によっては体を水にひたしたり、頭上に水を注いだりすることもある

堅信《けんしん》

聖体拝領の式に信者が参加するのを許すこと。信仰を強め、より信仰のために働くようになる

叙階《じょかい》

教会の聖職者に地位を与える儀式。特別な衣装を着て礼拝を行なう

行事

キリスト教

キリスト教で最も大切な行事は何？

最も重要なのがクリスマスとイースター

キリスト教では数多くの記念日が設定され、左のページにあるようなさまざまな行事や祭事が行なわれます。これらの多くは、イエスの降誕《こうたん》、受難《じゅなん》、復活《ふっかつ》という一連の聖なる出来事に由来し、それらを追体験させる内容となっています。

このなかで最も重視されるのが、イエスの降誕を祝うミサであるクリスマス（降誕祭）と、復活を祝うイースター（復活祭《ふっかつさい》）の二つです。

クリスマスは、ご存知のように毎年12月25日に行なわれますが、歴史的にはイエスの生年月日は明らかになっていません。ローマ・カトリック教会がこの日をイエスの誕生日としたのは、冬至を境として太陽が勢いを取り戻すという季節の周期が正義の回復をイメージさせることから、**ローマで古くから行なわれていた冬至の祭りと結びつけたの**だと考えられています。

一方復活祭は、十字架で死んだイエスが3日後に復活した奇跡を記念するもので、特定の日づけは決められていませんが、春分のあと最初に訪れる満月の、次の日曜日に行なわれます。復活祭の前1週間を受難週と呼び、キリスト教徒はすべての人間の罪を背負ったイエスをしのびます。

復活祭当日には、ゆで卵の殻に鮮やかな色彩を施したイースターエッグをつくり、その卵を庭や家のなかに隠して子どもたちに探させるという遊びもします。

また、復活祭前の40日を四旬節《しじゅんせつ》（レント）といい、イエスが荒野で断食したことにちなんで、この期間、キリスト教徒は食事制限などによりイエスの苦しみを分かち合うことも行なわれました。

キリスト教と礼拝(ミサ)の行事・記念日

主日：イエス復活が日曜日

↓

信者が毎週日曜日に教会に集まり、礼拝(ミサ)を行なう

主な行事・記念日

四旬節《しじゅんせつ》(レント)	初旬節初日、灰の水曜日(復活祭46日前)から安息の日を除く、40日間断食などによりイエスとの苦しみを分かち合う。四旬節の前には謝肉祭がある
復活祭《ふっかつさい》(イースター)	キリスト教で最も重要な祝日。春分翌日から4月下旬までの満月直後の日曜日にイースターエッグなどでイエスの復活を祝う
昇天日《しょうてんび》(アセンション・デイ)	イエスの昇天を記念し、祝う。復活祭の40日後に行なわれる
聖霊降臨日《せいれいこうりんび》(ペンテコステ)	昇天日の10日後の日曜日に聖霊が使徒たちの上に降臨したことを記念する祝日
降誕祭《こうたんさい》(クリスマス)	イエス誕生を祝う記念日。毎年12月25日に行なわれるが、イエスの誕生日は諸説ある
待降節《たいこうせつ》(アドベント)	降誕祭の4度前の日曜日から前日まで、降誕祭を待ち望む期間として設けられている。ろうそくを1週間ごとに用意し、1本ずつ灯していく

＊**イースターエッグ**：卵が配られるのは、卵が生命の誕生を意味するからとか、豊穣のシンボルだからとか、昔はレントのあとに高価だった卵が用意されたからなど、いくつかの説がある。

COLUMN

宗教は人類誕生とともに生まれた

古代の人々にとって自然は人知を超える存在です。しかし、そこには普遍的な秩序や法則があることを経験的に学び、それらは神によって創造されたのだと考えるようになったとしても、不思議ではありません。

このようなことから、人類は誕生したときから宗教とともに歩んできたといえるでしょう。その証拠に、古代の遺跡には呪術や祈祷《きとう》、祈願など、多くの宗教的な営みの跡が残っているのです。また、6万年前のネアンデルタール人は死者を埋葬していたこともわかっています。

こうして人々は、自然の秩序や法則に従うことで日々の不安から解放されたり、現世的な利益を得たり、死後の世界での幸福を約束されたりできると考えるようになり、ここから「宗教」と呼ばれるものが生まれたのです。そして、同じ考えかたを共有する人々が集まることで、宗教集団（教団）ができていきました。

第2章

イスラム教

アッラーへの絶対的帰依

起源

イスラム教

ムハンマドが受けた啓示って、どんなもの？

「未知のことを人間に教える」との言葉を受けた

イスラム教は、ユダヤ教、キリスト教に強い影響を受け形成されたアッラーを絶対神とする一神《いっしん》教《きょう》です。教義は、**ムハンマドが受けた神（アッラー）の啓示《けいじ》をまとめた『クルアーン（コーラン）』を唯一の教えとしており、その内容は教義だけでなく、生活の隅々にまでわたっています。**

ムハンマドは、570年ごろ、アラビア半島のメッカ（マッカ）に生を受けました。生まれたときにすでに父はなく、母とも6歳のころに死別し、孤児となりました。

その後25歳のころ、15歳ほど年上の富裕な未亡人ハディージャと結婚し、商人としてキャリアを積んで商隊にも参加しています。

商人として順調な生活を営んでいたムハンマドですが、あるときからメッカ近郊のヒラー山の洞くつで瞑想《めいそう》にふけります。そして、610年、40歳のとき、瞑想していたムハンマドに最初の啓示が下ることになります。天使・ジブリール（ガブリエル）が現れ、次のように伝えたのです。

「汝《なんじ》の主はこよなく尊いお方。筆をとる術をお教えになった。人間に、未知なることをお教えになった」

こうして、ムハンマドによる布教活動がはじまります。しかし、メッカの商人たちは受け入れませんでした。そこで**彼はわずかな信徒たちと、メッカを捨てて622年にメディナに移ります。これをイスラム教では「ヒジュラ」といい、この年が＊イスラム暦元年となります。**その後、布教のための共同体組織（ウンマ）をつくり、630年にはメッカを無血征服することになるのです。

＊イスラム教は、近年では「イスラーム」ということが多くなっていますが、本書では、従来の呼びかたである「イスラム教」を用いています。

イスラム教成立のプロセス

ムハンマド誕生～ウンマ形成

570年ごろ
ムハンマド誕生

→ 母の死後に祖父や叔父に育てられる

595年ごろ
ハディージャと結婚

→ 天使ジブリールの啓示
教えを説き始める

622年　ヒジュラ
メディナに逃れ、
信者を増やす

→ ウンマの形成

メッカを征服、
一神教へ

＊**イスラム暦**：イスラム教社会で用いられる暦。１年は354日で、30年に11回の閏年(うるうどし)がある。多くは公式には西暦が用いられ、ヒジュラ暦は宗教関係などで用いられる。

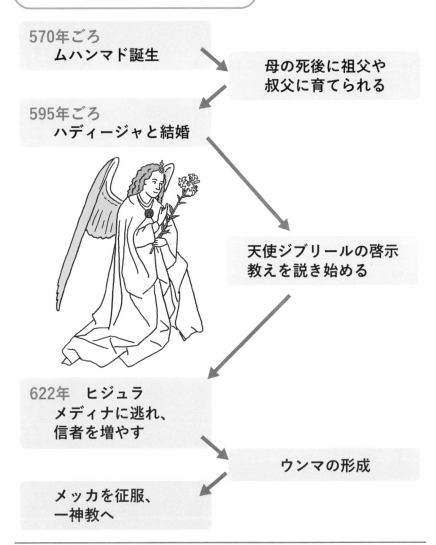

教義

イスラム教

ムスリムが信じる六信って、いったい何?

アッラー、天使、啓典、預言者、来世、神の予定

イスラム教徒(ムスリム)が真実として信じるのはアッラー、天使、啓典《けいてん》、預言者《よげんしゃ》、来世《らいせ》、神の予定の六つで、これを「六信《ろくしん》」と呼びます。

イスラム教では、アッラー(神)は唯一絶対にして全知全能、天地万物の創造者、支配者であるとされています。

天使は、神と人間の中間的存在で、神の命令を人間に伝えます。大天使はジブリールとミーカーイール(ミカエル)ですが、このほかにも数多くの天使が存在します。また、悪魔は堕落した天使という考えから、天使の一種に数えられています。

啓典は、『クルアーン』のほか、『旧約聖書』の「モーセ五書」や「詩篇」『新約聖書』も含まれます。

預言者には、アダム、ノア、アブラハム、イサク、ヨセフ、モーセ、ヨハネ、イエスなどが含まれます。いずれも、『旧約聖書』や『新約聖書』に登場する人物ですが、ムハンマドは「最後にして最大の預言者」として位置づけられています。

来世とは*終末後の世界。終末が告げられると、死者は墓から出され、神の前で審判されます。信仰が厚く正しい行ないをした者は天国で平安に暮らせ、信仰をせず悪しき行ないをした者は地獄で永劫《えいごう》の罰を受けるのです。

予定とは、過去・現在・未来において、世界と人間に起こるすべての事柄と行為は、あらかじめ定まっているという天命思想です。

この来世や予定という信仰には、イスラム共同体に所属すれば、救いがより確実になるという教えが込められています。

《イスラム教の「六信」―― 六つの信仰対象》

天使

神と人間との
中間的存在

アッラー

唯一の神

啓典

- クルアーン
- モーセ五書
（旧約聖書）
- 詩篇
（旧約聖書）
- 福音書
（新約聖書）

イスラム教

預言者

ムハンマド
＝
神の使徒

アダム
ノア
アブラハム
モーセ
ソロモン
ヨハネ
イエス
など

予定

神は全て見通し、
全ては天の帳簿
についている

来世

終末が来て、神
の前で天国か地
獄かを審判

＊**終末**：この世の終わりのこと。イスラム教では、いつ終末が来るのかはアッラーのみが知っていて、人間にとっては突然にやってくると 考えられている。

教典

イスラム教

『クルアーン』の底流にある最大のものは？

善悪を判断する最高の基準が示されている

イスラム教の啓典『クルアーン』は、唯一絶対の神アッラーが、預言者ムハンマドに啓示した言葉を記したものです。ムハンマドが最初の啓示を受けた610年ごろから、632年に没するまでの23年間にわたる啓示のみを書き記してあり、ムハンマドの創作はいっさいありません。

「クルアーン」とは、アラビア語で「読むべきもの」「読誦《どくじゅ》されるべきもの」といった意味です。『クルアーン』は114章からなり、各章に神の啓示が断片的に収録される形になっています。したがって、全体にストーリー性があるのではなく、基本的には長い章から順に並んでいます。『クルアーン』の底流にある最大のものは、アッラーへの絶対的な帰依《きえ》です。

その内容は、天地創造、終末、審判、天国と地獄、預言者、礼拝、断食、巡礼《じゅんれい》、タブー（*ハラーム）、ジハードなど多岐にわたります。**宗教的内容に限らず、日常生活の法律、倫理などついても記されており、生活全般にわたって、ムスリムが善悪を判断する最高の基準となっています。**

『クルアーン』は祈りのときはもちろん、日常生活のあらゆる機会に読誦されます。アラビア語で書かれた『クルアーン』は、翻訳は許されず、他言語に翻訳されたものは、あくまで内容の解説書だという扱いとなっています。

また、イスラム教の教義は『クルアーン』だけではなく、預言者の伝承である『ハディース』などが加わることで、**イスラム社会全般を規制するイスラム法（シャリーア）へと拡大・発展していきます。**

イスラム法(シャリーア)の行動規範

ファルド

必ず行なわなければならない義務

マントゥーブ ムスタハッブ

行なったほうがよい義務

ハラール

許されているが、行なわなくてもよいもの

マクルーフ

禁止ではないが、行なわないほうがよいもの

ハラーム

禁止されているものやことがら

- 豚肉
- 豚由来商品
- イスラム式で飼育・加工されていない肉
- アルコール
- 焚書
- 窃盗
- 強盗
- 傷害
- 背教
- 姦通　など

＊**ハラーム**：イスラム教の教えで禁止されているものやことがらのこと。よく知られているのは食に関するもので、豚肉を食することが禁じられている。50ページを参照。

発展

イスラム教

30年間続いた「正統カリフ時代」の業績は？

勢力の拡大や『クルアーン』の成立など

632年、ムハンマドの没後、イスラム共同体の指導者として、預言者の代理人（カリフ）が定められることになります。しかし、正当な手続きを経て就任したカリフは4代にすぎず、その30年弱を「正統カリフ時代」と呼んでいます。

アブー・バクルの在位期間は2年間でしたが、彼はこの間、ムハンマドの没後、離反したアラビア半島の諸部族の再統一に力を注ぎました。

2代目のカリフは、軍事の才能に優れたウマルです。彼は*ジハードを繰り返し行なって、イスラム教の勢力範囲をアラビア半島全域まで拡大。国家としての体裁をしだいに整えていきました。

第3代カリフはウマイヤ家出身のオスマーン。彼の時代は、急激な版図《はんと》拡大で社会構造のゆがみが露呈する一方で、ムハンマドを通じて下された啓示が編纂《へんさん》され、『クルアーン』が成立しました。

第4代カリフは、ムハンマドの娘を妻としたアリーで、ウマイヤ家との間で指導者をめぐる争いが起こります。イスラム教の世俗化に反発するハーリジー派という最初の分派も勢力を伸ばし、三者間の争いに発展しました。そして、661年、アリーはハーリジー派によって暗殺され、ここに正統カリフ時代は終焉《しゅうえん》を迎えます。

アリーの死をきっかけに、イスラム社会にスンニ派とシーアという大きな二つの流れが生まれました。スンニ派は、イスラム教徒の約8割を占めます。3代までをカリフと認め、その後はウマイヤ朝の子孫をカリフとします。シーア派は、アリーの子孫だけが指導者だと考えます。

イラン国民の大半がこのシーア派です。

スンニ派とシーア派はどのように違うのか？

スンニ派

3代目まで認め、それ以降、ウマイヤ王朝の子孫をカリフと認める

シーア派

ムハンドの正当な血をひくアリーの子孫のみが指導者として認められる

～632年	ムハンマド	預言者
632～634年	初代カリフ	アブー・バクル
634～644年	2代目カリフ	ウマル
644～656年	3代目カリフ	オスマーン
656～661年	4代目カリフ	アリー
661～669年	5代目カリフ	ハサン
669～680年	6代目カリフ	フサイン

＊**ジハード**：イスラム教の拡大や防衛のための戦い、「聖戦」を指す。『クルアーン』には、異教徒との戦いをも指し、非イスラム教徒との戦争の意味にも転じた。52ページを参照。

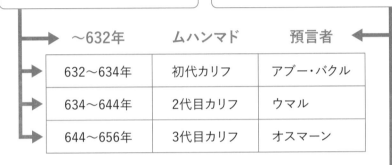

発展

イスラム教

空前の繁栄を迎えたアッバース朝とは？

征服・支配から諸民族の融合へと変化した

前項でお話ししたとおり、スンニ派は4代目以降のカリフとしてウマイヤ朝の子孫しか認めませんでした。そのため、スンニ派以外の派を厳しく弾圧する一方で、被征服民に対しては、一定の宗教的自由を認めることによって、イスラム帝国の拡大・発展を進めていったのです。

ウマイヤ朝の後期には、*ササン朝ペルシャも滅ぼし、その版図は北アフリカからスペイン、中央アジア、インダス川流域にまで拡大しました。しかし、イスラムの教えに対する世俗的な解釈やアラブ民族重視政策などによって、敬虔《けいけん》なムスリムや非アラブ人の反発を生んで反政府運動が起こり、750年にウマイヤ朝は滅びます。

このあとに成立したのが、ムハンマドの血筋に近いアッバース朝です。**この王朝時代に、左ページの地図にあるように、イスラム帝国は空前の繁栄を迎えます。**商人たちはアフリカ、インド、アジア、中国などと広域貿易を行なうとともに、イスラム教の布教も活発に行ないました。

アッバース朝は、国家統一の原理をイスラム教としました。それによって、イスラム教の教義が整備されるとともに、イスラム法（シャリーア）も定められました。

また、神学はじめとする多彩な学問も大いに栄え、イスラム教はアッバース朝の繁栄とともに、独自のイスラム文化を開花させていきました。

正統カリフ時代のウマイヤ朝では、アラブ人による征服・支配という側面が強かったのですが、アッバース朝になり諸民族の融合した巨大帝国になっていったのです。

最盛期イスラム征服地域

シリア・ダマスカスに残るウマイヤド・モスク。ウマイヤ朝時代に建設され、現在でも利用されているモスクとしては最古のモスクの一つ。規模も最大級である

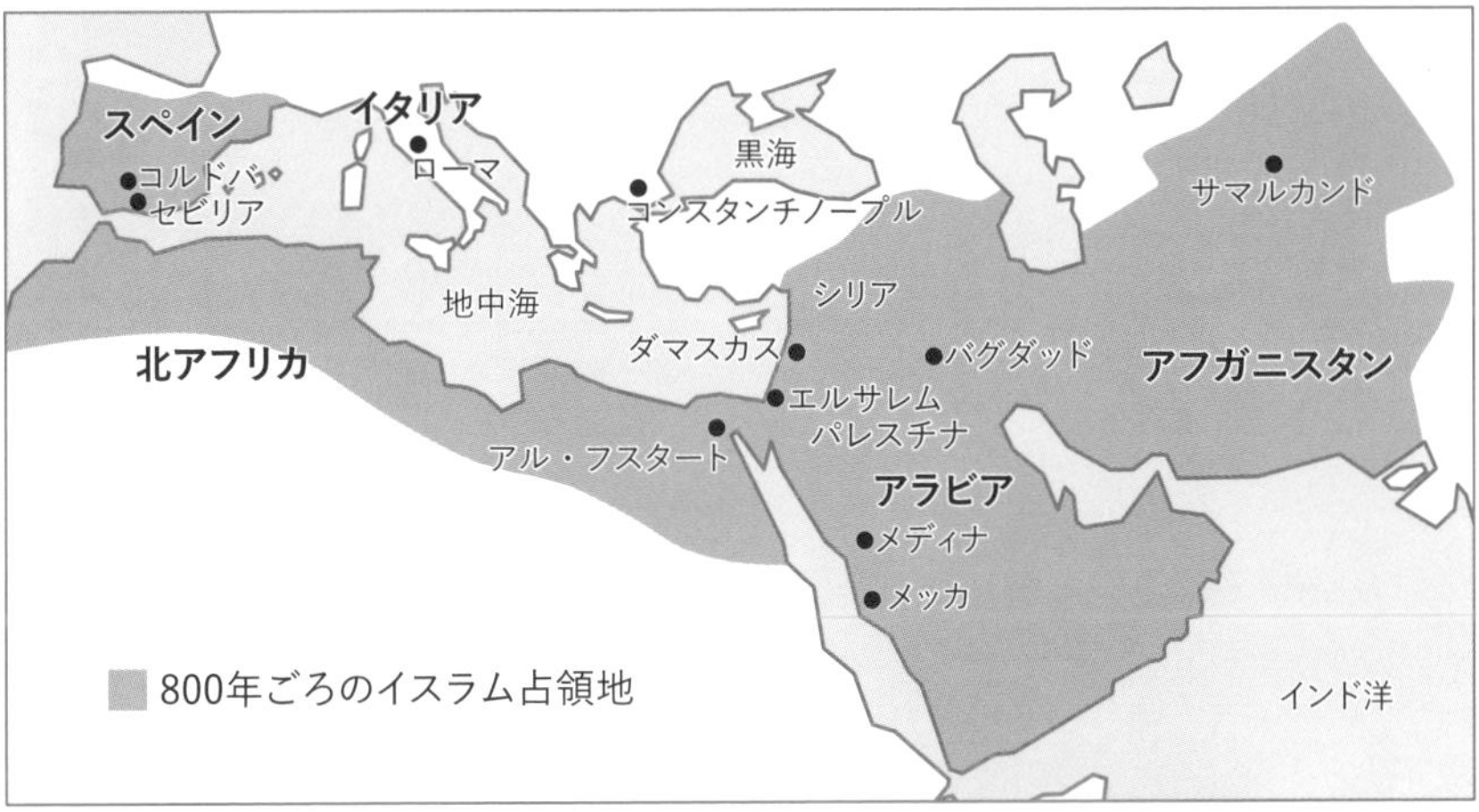

アッバース朝第8代カリフ、ムウタスィムが建築したサーマッラーの大モスクにある塔(ミナレット)。イラクでは最も重要な遺跡の一つとなっている

＊**ササン朝ペルシャ**：３世紀はじめから、イラン高原やメソポタミヤ地方を支配した王朝。イスラム教国ではないため651年に滅ぼされ、イランはイスラム化していった。

発展

イスラム教

イスラム教の分裂はどうして起こったの？

それぞれの国の事情に合わせた形態に変わる

13世紀半ばには、アッバース朝の勢力が衰えてきます。**これにかわって、13世紀の終わりごろに台頭してきたのが、トルコ系イスラム国家であるオスマン帝国です。**14世紀から16世紀にかけてオスマン帝国は、アジア、バルカン半島、地中海周辺、アラブ地域を征服し、広大な統一国家をつくりあげ、16世紀半ばのスレイマン1世の治世には世界の最強国となりました。

オスマン帝国がイスラム世界の中心であると宣言し、君主であるスルタン自らがカリフとなりました。政治と宗教が一体となった「スルタン・カリフ制」という統治政策により、強大な政権をつくりあげていったのです。

また、オスマン帝国のスンニ派内では、*スーフィズム（神秘主義）が盛んになり、かつての征服者であるモンゴル人まで改宗しました。スーフィズムは、「あらゆるもの、人の心のなかにも神＝アッラーは存在する」という考えに基づき、瞑想や修行によって個人のなかに神を実感しようとするものです。

こうしてオスマン帝国は、ヨーロッパ、アジア、アフリカにまたがるイスラム国家として続いていくことになりますが、17世紀にはキリスト教徒が広く浸透したヨーロッパの前に徐々にその力を失っていきます。

その後、イスラム共同体は個々の民族国家に分離・独立し、イスラム教もそれぞれの国の事情によって、さまざまな形態に変わります。**こんにち、イスラム社会は政治と宗教の関わりかたなどで、それぞれの国で多極化が進んでいます。**

イスラムの神秘主義展開 神秘的傾向の出現～教団化

イスラムの広まり

8世紀後半から神秘的傾向が表れる

神秘思想家

ガザーリー

世界観構築・哲学

イブン・アラビー

瞑想、断食など修行により、神と神秘的な合一を目指す

12世紀後半から教団組織が生まれ、聖者崇拝と深く結びつき大衆化

＊**スーフィズム**：内面を重視する思想運動。聖句を唱えたり舞踊することで神との一体感を求める。8世紀ごろ、イスラム教の広がりとともに始まった。

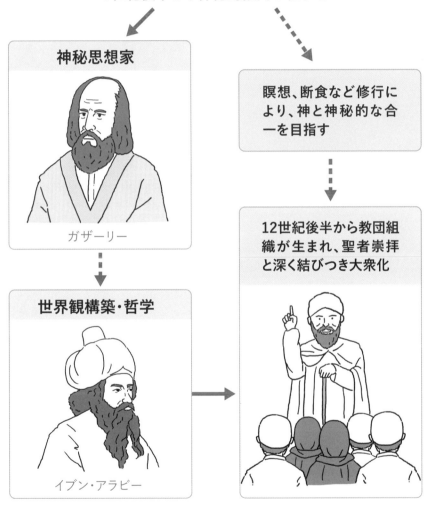

戒律

イスラム教

ムスリムは日々どんな決まりを実践するの？

基本的な実践としては五つが定められている

ムスリムに求められる基本的な実践は、五つあります。それが「五行《ごぎょう》」あるいは「五柱《ごちゅう》」と呼ばれるもので、左のページにその五つの項目と内容を記しています。

このなかで信仰告白は、ムスリムになろうという人が最初に行なう行為です。

「アッラーのほかに神はなし。ムハンマドはその使徒（預言者）なり」

と、ふたりの証人を前にアラビア語で唱えます。もちろん、告白の文言を心から信じたうえで行なうことはいうまでもありません。

「五行」のほかにイスラム教での決まりごとにはどのようなものがあるか、説明してみましょう。

ムスリムの女性は外出する際、スカーフやベールで髪や身体を隠します。これも『クルアーン』の教えによるもので、女性を外部の第三者の目から隠したり、家のなかにとどめたりすることは、イスラム世界では昔から広く行なわれてきました。

しかし、**こうした考えは女性への差別として西欧社会から批判を浴び、イスラム改革運動などにつながっていきました。**

また、イスラム教では一夫多妻制を認めているのも、西欧社会から見てとても奇異なことといえるでしょう。この制度は、かつてイスラム帝国が発展していくなかで多くの戦争未亡人や孤児が生まれたことから、一種のセーフティネットとして取り入れられたという説が有力です。

こんにちのイスラム社会では、これを法律で明確に禁止している国がある一方、黙認していても推奨はしない立場をとっている国もあります。

「五行」(「五柱」)　五つの項目

信仰告白 **シャハーダ**	ラー・イラーハ　イッラッラー　ムハンマド　ラスールッラー(アッラーのほかに神はなし。ムハンマドはその使徒[預言者]なり)
礼拝 **サラー** 日の出前、正午ごろ、午後、日没後、寝る前、1日5回行なう	
喜捨《きしゃ》 **ザカート**	宗教税、救貧税のこと。一定以上の金銭、穀物、家畜などの財産に対して、種類別に課される
断食 **サウム**	イスラム暦第9月(ラマダーン月)の30日間、昼間の食事を断つ
巡礼 **ハッジ**	イスラム暦第12月(ズール・ヒッジャ月)7日から10日に、メッカ近郊の聖地やカーバ神殿への巡礼を一生に一度行なう

戒律

イスラム教

ムスリムの行なう断食って、どんなもの？

断食のほかに食を禁じられている食材がある

ムスリムにとって、イスラム暦9月（ラマダーン月）は特別な期間となっています、ムハンマドが、アッラーから最初の啓示を下された月だからです。そのため**ムスリムは心身の修養をすることを求められます。その具体的な行為が前項の「五柱」の一つである断食です。**『クルアーン』には、「信徒の者よ、汝らは自制ということを学ぶために断食しなければならない。……断食は定められた日数である」と述べられています。

断食は、ラマダーン月の30日間、日の出から日没までの間はいっさいの食を断ちます。さらに水やお茶を飲むことや喫煙も禁じられています。そのかわり、日が沈んでから夜明けまでの間の飲食は許されています。

ムスリムの食生活については、彼らが豚を不浄な動物として口にしないことは有名です。一説には、高温で過酷な自然条件のもとで、脂肪の多い豚肉は腐敗しやすいからだともいわれています。

このほか、動物の血やアルコール飲料も口にしません。また、豚肉以外の動物の肉も、屠殺《とさつ》の前に祈りを唱え、頭をメッカのほうに向けて殺すという、一定の作法にのっとったものでなければ食べることができません。

こうして正式な作法で殺された動物は、「ハラール（禁じられていない）**」と呼ばれる食べ物に含まれることになります。**

一方、食べることが許されていない食品は「ハラーム」と呼ばれています。「ハラール」と「ハラーム」、わずか一字の違いですが、ムスリムにとっては大変な違いということになります。

イスラム教徒にとって重要なラマダーン月

ラマダーン月

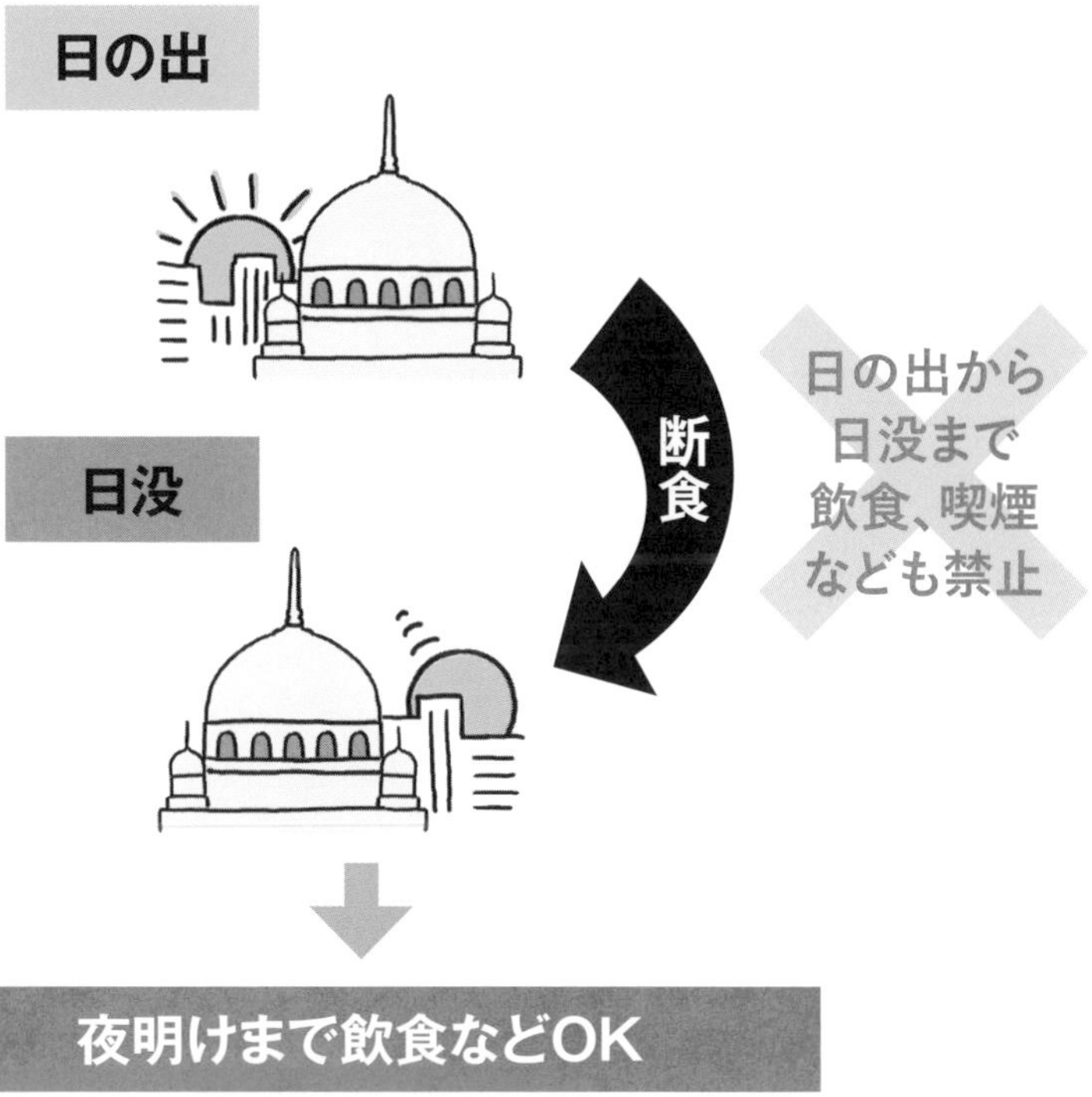

イスラム教徒の伝統的な食事。
ハラールと呼ばれる食べ物でも
メニューはとても豊富

戒律

イスラム教

ジハードは、なぜ行なわれる？

信仰や共同体を守ったり発展させたりするため

「ジハード」というと、すぐに自爆テロなどを連想する人も多いと思います。しかし、イスラム教のなかで最も誤解されがちなのが、この言葉ではないでしょうか。

一般的にジハードは「聖戦」と訳されています。しかし、**本来の意味するところは、「信仰やイスラム共同体（ウンマ）を守ったり、発展させたりするために、積極的に行動し、努力すること」なのです。**

キリスト教徒と戦った十字軍も、ジハードの一つといえます。

ジハードについては、次のような戦いと規定されます。

●アッラーの道を守るため

●平和や信仰の自由を取り戻すため
●暴虐《ぼうぎゃく》からの解放のため
●宗教上の指導者に指揮されたとき

また、このほかに、敵が降伏したら戦いをやめる、女性や子ども、老人などの弱者に危害を加えない、ということも規定されています。『クルアーン』には「戦いをしかけてはならない」という文言もあり、**平和なイスラム社会を守るために努力することこそが、本当のジハードだということなのです。**

ただイスラム教では、ジハードのほかに、「悪魔の戦争＝邪悪な戦い」もあるとされています。これには、領土の拡大や弱小民族の征服などの戦いがあげられます。

ジハードと十字軍との戦い

ジハードとは…

アッラーの道を守るために行なう戦い

平和や信仰の自由を取り戻すために行なう戦い

暴虐から解放されるために行なう戦い

宗教上の指導者の指揮によって行なう戦い

十字軍時代の遺跡

十字軍時代の遺跡は各地に残っている。レバノンにある世界遺産（文化遺産）のビブロス遺跡には、当時の要塞（写真右）が現存する。また、シリア北部のアレッポ城（写真左）も、十字軍時代には重要な役割を果たした。世界でも最大、最古の城の一つだともいわれている

生活

イスラム教

ムスリムだったらあたり前のことは？

1日に5回の礼拝と毎週金曜日には合同礼拝

ムスリムは、どのようなことがあっても1日に5回、礼拝を行なうことが決められています。これは、ムスリムが果たすべき五つの義務（五行）のうちの一つです（49ページ参照）。ムスリムにとって礼拝は、アッラー（神）を常に意識するとともに、神との交流をはかる儀式だからです。

礼拝は、左の図にあるような時間に、決められた手順に従って行なわれます。この一連の手順を「ラクア」と呼んでいます。

礼拝のときには、清潔な服を着用し、靴を脱ぎます。そして、事前に流水で身体の汚れを洗い落としたのち、礼拝に臨みます。

そのとき、必ずメッカの方角を向くことになっています。

また、毎週金曜日の昼には、モスクでの合同礼拝を行なうことになっています。これは、すべての成人男子に義務づけられているのです。このためイスラム諸国では、この時間帯は会社も一時休業となります。

礼拝と同じように、ムスリムが果たすべき義務の一つが喜捨《きしゃ》です（49ページ参照）。自分よりも物質的に恵まれない人を援助することが喜捨で、これは『クルアーン』にも明確に述べられています。現在では、一種の税制のような体系となっており、通貨や商品、家畜や農作物などが喜捨の対象となっています。

喜捨は、その人の寛大さや誠意を形として表すもので、正義を実践することの証しでもあります。ムスリムである限り、これを否定することはできないのです。

礼拝を行なう時間帯とそのやりかた

礼拝の時間帯　1日に5回行なう

日の出前　正午ごろ　午後　日没後　寝る前

手順 ラクア

- メッカに向かって立つ
- 両手を耳まであげ「アッラー・アクバル」を唱える

- 男性は両手をお腹、女性は胸の前で重ね『コーラン』を唱える

- 手を膝に置き、頭を下げ、神を称える言葉を唱える

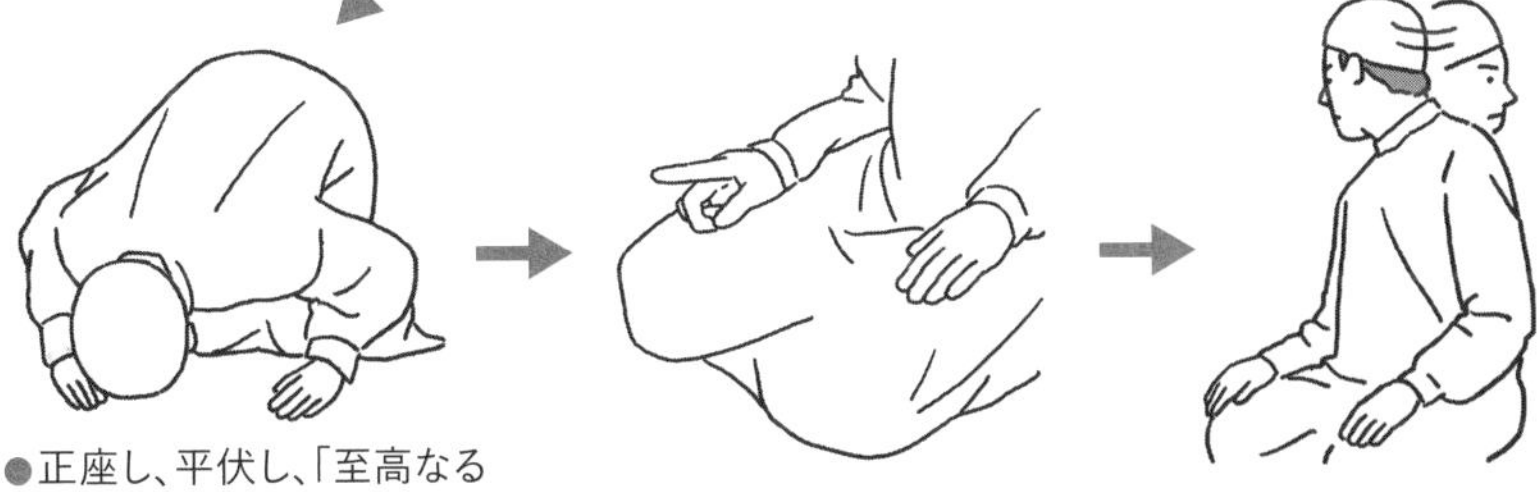

- 正座し、平伏し、「至高なるわが主に称賛あれ」と3回唱え、この動作を繰り返す
- 神を称え、預言者とムスリムの祝福を祈る

- 「アッラーのほかに神はなし」と信仰告白し、右手人差し指を伸ばす

- 「アッサラーム・アレイコム（平和あれ）」と唱えながら、首を左右に振る

＊**メッカ**：サウジアラビアの宗教上の首都。ムハンマド生誕の地で、イスラム教では最高の聖地となっている。カーバ神殿があり、一生に一度はこの地に巡礼することとされている。

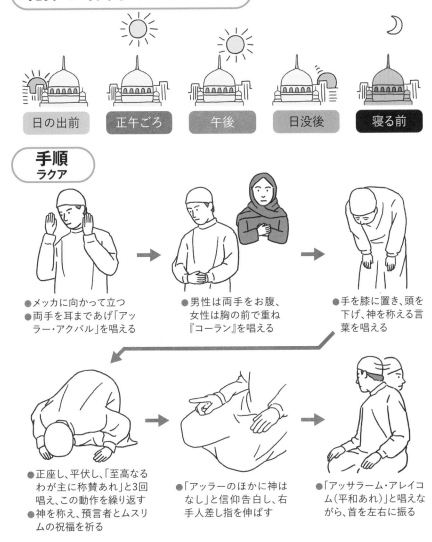

COLUMN

戦争の原因になる宗教上の対立

世界のムスリムのおよそ8割を占める多数派がスンニ派です。一方、およそ2割を占めるのがシーア派ですが、ウマイヤ朝の打倒を目指したものの失敗し、それがかえって団結を強める結果となりました。

その後のアッバース朝も弾圧を強めたため、シーア派はますます過激になっていきました（44～45ページ参照）。この二つの宗派は、スンニ派が現実主義であるのに対し、シーア派は理想主義であるところが大きな違いとなっています。

1980年から1988年にかけて、イランとイラクの間で行なわれたイラン・イラク戦争は、イスラム教内のシーア派とスンニ派の歴史的対立とともに、ペルシャとアラブの対立の構図を現在に復活させたといえるでしょう。

また、この戦争は1979年に起こった、イランのシーア派によるイスラム革命に対する周辺国や欧米の干渉戦争ととらえることもできるのです。

第3章

仏教

ブッダが悟った
人生の真理

起源

仏教

ブッダはどのようにして悟りを開いたの？

穏やかに瞑想を続けたのち、突然悟りを開いた

私たち日本人にとって一番身近な宗教は、仏《ぶっ》教《きょう》ではないでしょうか。

仏教は、世界の三大宗教の一つで、インドに発生してアジアを中心に世界に広がっていきました。仏教の開祖《かいそ》とされるブッダは紀元前6世紀から5世紀ごろ、現在のインド北部をおさめていた釈《しゃ》迦族《かぞく》の王子として生を受けました。**本来の名前はゴータマ・シッダールタといいますが、ブッダを「お釈迦様」というのはこの部族名によります。**

ブッダの母親は、彼の誕生後7日後に亡くなります。ブッダが裕福な家庭に育ったにも関わらず、人間に訪れる生老病死《しょうろうびょうし》、苦悩などに幼いころから関心を持っていたのも、彼のこうした生い立ちが影響しているといわれています。

父親の勧めに従って16歳で結婚、一子を設けるなど何不自由ない生活を送っていました。しかし、その一方で人生の意味や苦悩について考える日々が続き、29歳のとき、そんな鬱積《うっせき》した思いが積もりに積もり、妻と子どもを残して出家《しゅっけ》し、修行《しゅぎょう》者《じゃ》として生きることを決めたのです。

以後6年間、厳しい修行に励みます。ところが、身体が傷つくだけでなく、心の平安も得ることができませんでした。そこで、心身をいたわりながら、菩提樹《ぼだいじゅ》の下で瞑想《めいそう》に入って21日目の夜明け、ブッダは突然悟りを得ます。

ここで「悟れる者＝ブッダ」となったのです。*ブッダガヤでの悟りののち、伝道《でんどう》の道を歩むことになりますが、その始まりが6年間の苦《く》行《ぎょう》をともにした5人の仲間への説法《せっぽう》でした。**これを「初転法輪《しょてんぽうりん》」といいます（詳しくは後述）。**

ブッダの生涯と四つの聖地

ブッダの生涯

紀元前5～6世紀ごろ誕生 → 16歳、ヤソーダラーと結婚 → 29歳、出家 → 苦行、繰り返す → 中道思想、得る → 35歳、悟りを得る → 説法、伝道 → 80歳、入滅

仏教の四大聖地

生誕の地ルンビニーにある菩提樹

最初に説法をした地サールナート

悟りを開いた地ブッダガヤ。マハーボディー寺院が建つ

涅槃の地クシナガル。荼毘にふされたラーマバール・ストゥーパ

＊**ブッダガヤ**：インド北東部にある仏教の聖地。高さ約50メートルを超す塔のある大菩提寺があり、ブッダが悟りを開いた菩提樹が植えられ、各国の宗派の寺院などが建てられている。

起源

仏教

ブッダの得た悟りって、どんなものだった？

目指すべきところは「涅槃寂静」という境地

ブッダは幼いころから人間の苦悩について考えていましたが、人生が苦に満ちている（一切皆苦《いっさいかいく》）というのが、仏教の基本的な教えです。それを表したのが、私たちにもおなじみの「四苦八苦《しくはっく》」という四字熟語です。**四苦というのは、どんな人も逃れることができない生《しょう》・老《ろう》・病《びょう》・死《し》の四つの苦しみです。**

これに愛別離苦《あいべつりく》・怨憎会苦《おんぞうえく》・求不得苦《ぐふとくく》・五陰《ごおん》盛苦《じょうく》の四つをあわせて八苦となります。愛別離苦は愛する人と別れる苦しみ、怨憎会苦は憎む者と会う苦しみ、求不得苦は求めても得られない苦しみ、五陰盛苦は自らの想念などにとらわれることによる苦しみをいいます。

そして、ブッダが説いた教えとして三法印《さんぼういん》というものがあります。これが仏教を仏教たらしめている特徴ともいっていいでしょう。

第一が諸行無常《しょぎょうむじょう》です。『平家物語《へいけものがたり》』の冒頭で語られていてご存知のことと思いますが、あらゆる事象《じしょう》や事物《じぶつ》は移ろい、とどまることがないことを表しています。第二が諸法無我《しょほうむが》です。あらゆる存在に実体や本質がないことを表しています。第三が涅槃寂静《ねはんじゃくじょう》です。苦が滅せられて安楽の状態になった最高の境地のことです。

「こうでなくてはならない」といった思い込みによる執着があると苦悩が続き、この最高の境地に達することはできません。こうした執着による苦悩の状態が「一切皆苦」というわけです。

仏教の中核となる教えがこの三法印のなかにあり、涅槃寂静こそが目指すべきところとされているのです。

「四苦八苦」は仏教の基本的な教え

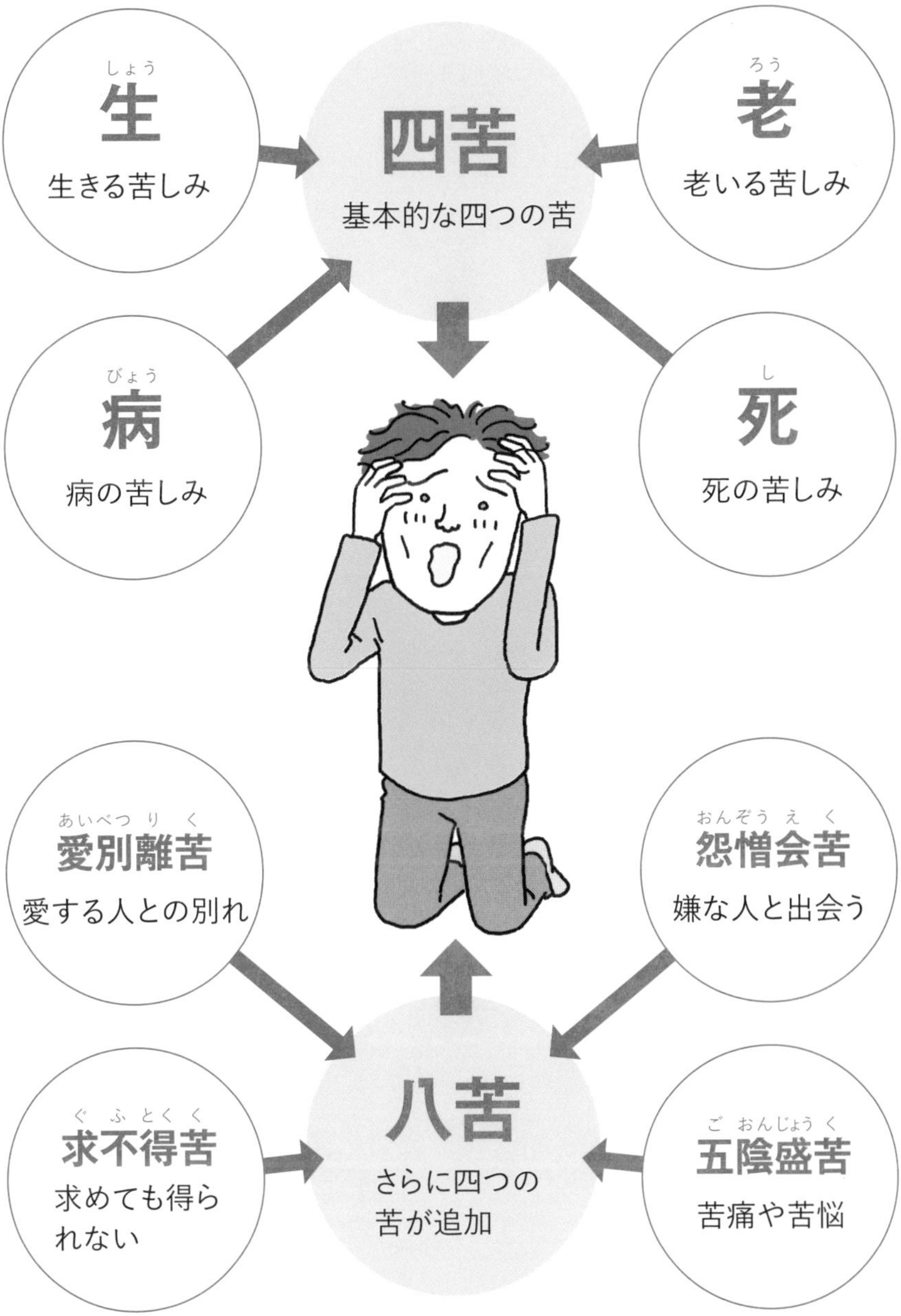
四苦
基本的な四つの苦
生《しょう》
生きる苦しみ
老《ろう》
老いる苦しみ
病《びょう》
病の苦しみ
死《し》
死の苦しみ
八苦
さらに四つの苦が追加
愛別離苦《あいべつりく》
愛する人との別れ
怨憎会苦《おんぞうえく》
嫌な人と出会う
求不得苦《ぐふとくく》
求めても得られない
五陰盛苦《ごおんじょうく》
苦痛や苦悩

教義

仏教

人生の苦悩を軽くするには、どうすればいい？

人生の苦に向き合って正しい道を歩むこと

人生が苦に満ちているのであれば、その苦悩を軽減していくにはどうしたらいいのでしょうか。そのために導き出されたのが、**「四諦《したい》」と「八正道《はっしょうどう》」**です。

「諦」は現代では「あきらめる」という意味ですが、仏教的には「明らかにする」という意味を持ちます。

四諦というのは、人生には四苦八苦があることを理解して受け入れ（**苦諦《くたい》**）、苦の原因を自ら見つめ直し（**集諦《じったい》**）、欲望や執着から解放される悟りの境地（**滅諦《めったい》**）を得るために、日々正しい道を歩む（**道諦《どうたい》**）ことです。

四諦は、ブッダが悟りを開き＊入滅《にゅうめつ》するまで一貫して説法を続けた人生の真理です。

生・老・病・死をはじめとする人生の苦（四苦八苦）といかに向き合っていくかについて説いたものです。

そして、人生の苦を滅して、正しい道を歩むための方法が次に述べる八正道というわけです。

- ●**正見《しょうけん》** 自己中心的な見方や偏見を持たずに、中道の見かたをする。
- ●**正思惟《しょうしゆい》** 自己本位に陥らずに、まっすぐな心で苦悩に向き合う。
- ●**正語《しょうご》** 嘘をつかず、他人の悪口などはいわない。
- ●**正業《しょうごう》** 正見・正思惟に基づいて行動する。
- ●**正命《しょうみょう》** きちんとした生活態度で日々をすごす。
- ●**正精進《しょうしょうじん》** 与えられた使命や目的に対して正しく励む。
- ●**正念《しょうねん》** 雑念を払って、仏の存在を念じる。
- ●**正定《しょうじょう》** 乱されることなく精神統一をする。

四諦・八正道の実践

＊**入滅**：主としてブッダや高僧が没したときに用いられる語。あらゆる煩悩が消え涅槃(ねはん)に入ることをいう。生死を超えた悟りの境地に入る意味もある。

教典

仏教

お経（教典）はどのようにして成立したの？

弟子たちがブッダの言葉をまとめ文章にした

ブッダは、自らの教えを文字で書き残しませんでした。弟子たちがブッダの発する言葉を心にとどめ、それを仲間や新たな入信者たちに口伝《くでん》することで、教えは広まっていったのです。

ところがブッダの入滅後、弟子たちの解釈がバラバラで、違いがあることがわかってきました。

そこで、紀元前477年ごろ、500人ほどの弟子が集い、互いの記憶を確認しながらブッダの教えの統一をはかりました。これを「*結集《けつじゅう》」といいます。この合議の結果がまとめ上げられて文章となったのが、仏教における教典の最初です。

原初的な主要なお経（教典、経典）には、阿含《あごん》経《きょう》、法句経《ほっくきょう》、四分律《しぶんりつ》などがあります。

阿含経はブッダの教えが直接伝えられているお経です。法句経は423編からなる韻文詩《いんぶんし》です。四分律は、僧が日常守るべき規則をまとめた戒律集です。

ほかの宗教ではこうした段階のものが根本教典として崇拝の対象になりますが、仏教ではそうなりませんでした。第1回の結集から約100年後、再び結集が開かれました。この時代には教団内部の対立が深刻となり、二派に分裂（66～67ページ参照）することになったのです。

これ以降、枝葉が伸びるように分派が進んでいくことになりますが、**仏教では、これらの各派がお経を注釈したものまで教典に含めていったため、その数が膨大になっていったのです。**

ここがほかの宗教の経典・聖典とは異なるところで、その全貌は研究者の間でも把握しきれていないということです。

仏教の経典にはどんなものがあるのか？

教典の種類

経典

仏教におけるお経のこと

教典

キリスト教、ユダヤ教、
イスラム教などの聖典

大乗仏教

初期	般若経《はんにゃきょう》　華厳経《けごんきょう》　無量寿経《むりょうじゅきょう》　観無量寿経《かんむりょうじゅきょう》　維摩経《ゆいまきょう》　法華経《ほけきょう》　阿弥陀経《あみだきょう》
中期	解深密経《げじんみっきょう》　入楞伽経《にゅうりょうがきょう》　勝鬘経《しょうまんぎょう》　涅槃経《ねはんぎょう》
後期	大日経《だいにちきょう》　金剛頂経《こんごうちょうきょう》　理趣経《りしゅきょう》

上座部仏教（小乗仏教）

パーリ語経典　阿含経《あごんきょう》　法句経《ほっくきょう》　四分律《しぶんりつ》

＊**結集**：歴史上で実際に行なわれたとされる結集は、本文で紹介した２回以外に、４回あった。ブッダ入滅後200年後、紀元前１世紀、1871年、1954年である。

上座部仏教と大乗仏教、その違いはどこに？

厳しい修行が課せられるものと寛容なもの

ブッダは当初、主にインドの北部を中心に布教を行なっていましたが、しだいにインドの西部や南部にまでその範囲を拡大していきます。布教にあたって幸運だったのは、古代インドを統一した*アショーカ王という庇護《ひごしゃ》者を得たことでした。こうして**紀元前3世紀ごろには、仏教はインド全体に広がっていきました。**

しかし、その時代になると、戒律の解釈をめぐって内部での対立が生じてきました。いろいろな対立点があったとされますが、金銭によるお布《ふ》施《せ》を認めるかどうかも、大きな論争を巻き起こしたようです。このような争いによって、教団内は二派に分裂していきます。

長老を中心として、ブッダ以来の戒律を守ろうとする「上座部《じょうざぶ》」と、戒律に寛容《かんよう》で進歩的な考えの「大衆部《だいしゅぶ》」の二つの派がそれで、これを「根本分裂」といいます。後者は、のちに「大乗仏教《だいじょうぶっきょう》」となっていきます。

この二つの違いはどこにあるのでしょうか。

まず、**上座部仏教は出家主義《しゅっけしゅぎ》**で、出家者個人が自らの悟りを開くことを目的としています。つまり、修行をして悟りを開いたものだけが救われるというわけです。

そのためには厳しい修行にも耐え、戒律を厳しく守る必要があります。

これに対して**大乗仏教は、出家主義をとらず、**在家でもブッダの教えを守っていれば、ふつうの生活を送ってよいとされました。

また大乗仏教は、仏《ほとけ》や菩薩《ぼさつ》の慈悲《じひ》による民衆の救済が強調されるのも、大きな特色です。

上座部仏教と大乗仏教の違いはどこにある?

ブッダ入滅

↓

根本分裂

大乗仏教

- 戒律、寛大
- 民衆救済
- 僧侶は妻持ち可となる宗派もある
- 寄進《きしん》も受付

上座部仏教

- 戒律、厳格
- 悟りを開いた者のみ
- 僧侶は独身のみ
- 托鉢《たくはつ》のみ

＊**アショーカ王**：紀元前３世紀ごろ、はじめてインドを統一し、仏教に基づく政治を行なった。統一のための戦いで多くの兵士を失ったことが、仏教に帰依したきっかけだったという。

発展

仏教

仏教はどのようにして広まっていったの？

上座部仏教は南、大乗仏教は北へと伝わった

戒律に厳しい上座部仏教と、大衆に受け入れられやすい大乗仏教――。それぞれは、どのようなルートを経て広まっていったのでしょうか。

上座部仏教は紀元前3世紀、インドからスリランカに伝えられ、王族の庇護を受けて大いに発展します。さらに、インド東部の陸路を経由するルート、スリランカから海路を経由するルートにより、ミャンマー、タイ、カンボジア、マレーシアなどの東南アジア全般に伝播しました。**これを「南伝仏教《なんでんぶっきょう》」と呼んでいます。**

タイやカンボジアなどで、鮮やかな法衣《ほうい》を身にまとった僧が＊托鉢《たくはつ》を行なう様子をよく目にしますが、彼らは出家主義と厳しい戒律のもとで修行する上座部仏教の僧侶なのです。

大乗仏教はまず、インド北部からガンダーラ地方（現在のパキスタン北西部）に伝えられます。ここは、現在では人口のほとんどがイスラム教を信奉する地域ですが、仏教に関連した遺跡もたくさん残っています。

ガンダーラから中央アジアの国々を経て中国に伝わります。中国は仏教国というイメージが強いのですが、伝来したのは紀元1世紀ごろとされています。

そして、朝鮮半島、日本、台湾などに伝播していきます。**これを「北伝仏教《ほくでんぶっきょう》」と呼んでいます。**

この一方で、仏教を生んだ国、インドはどうなのでしょうか。インドでは、ヒンドゥー教が仏教以前から盛んで、民族宗教ともいわれています。さらにほかの宗教からも圧迫され、**現在では仏教徒は総人口の1％にも満たないほどです。**

仏教はどのように伝わっていったのか?

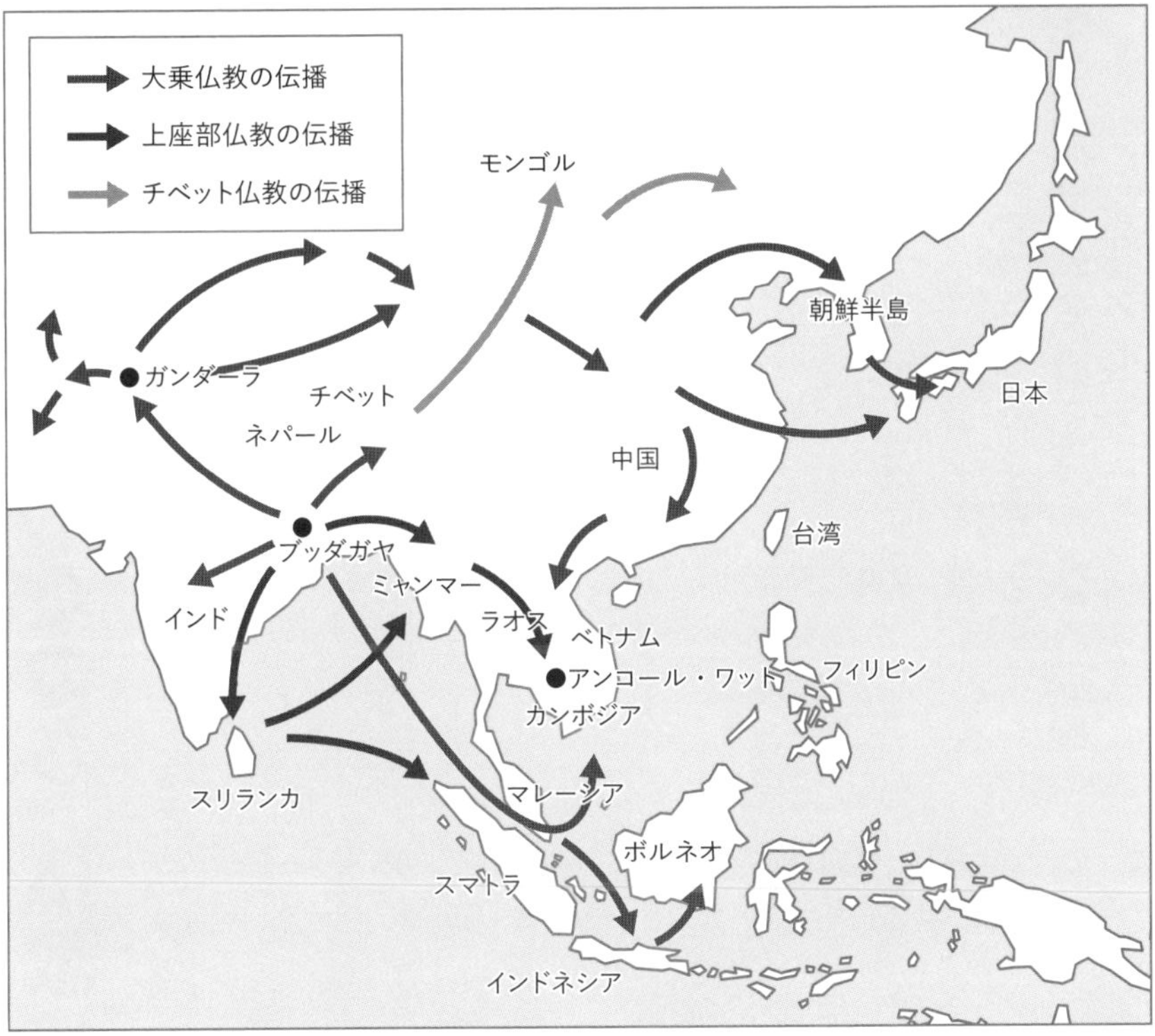

カンボジア北西部に残るアンコールワット遺跡。ヒンドゥー教寺院として建立されたが、16世紀後半に仏教寺院に改修された

インドネシアのジャワ島中部にあるボロブドゥール遺跡。世界最大級の仏教寺院である

＊**托鉢**：修行僧が修行の一環として鉢(はち)を持ち、家々の前で食物や金銭を受けること。こんにちの日本でも行なわれている。仏教のほか、古代インドのジャイナ教でも行なわれた。

発展

仏教

日本に伝来したのち、仏教はどう発展した？

聖徳太子以降、国家の保護下で大きく発展

我が国への仏教伝来については、538年説と552年説があります。**公的に日本に仏教を伝えたのは、朝鮮半島にあった百済《くだら》の聖明王《せいめいおう》であるといわれています。聖明王は、当時の欽明天皇《きんめいてんのう》（509〜571年）に仏像や経典、仏教論書などを贈りました。**

仏教の受け入れに関しては、豪族の蘇我《そが》氏《し》と物《もの》部《のべ》氏《し》の争いが展開されていきます。

「海外諸国で崇拝されているのに、わが国だけとり入れないことなどできない」

という蘇我氏の形勢が徐々に優位となり、推古《すいこ》天皇《てんのう》（554〜628年）の時代になって、いよいよ本格的な仏教の受容《じゅよう》・浸透期《しんとうき》を迎えることになります。**その中心的な役割を担ったのが、*聖徳《しょうとく》太子《たいし》（574〜622年）です。**

太子は、まず「三宝興隆の詔《さんぼうこうりゅうのみことのり》」を発して、平和な国家を建設するために仏教を広めることを宣言します。そして、604年に制定した「十七条憲法《じゅうしちじょうけんぽう》」には、「篤《あつ》く三宝を敬《うやま》え。三宝とは仏・法・僧なり……」とあり、仏教へ深く傾倒していたことがわかります。

また、遣隋使《けんずいし》として学僧を中国へ派遣して仏教思想や仏教文化を導入したほか、寺院も次々と建立します。四天王寺《してんのうじ》、法隆寺《ほうりゅうじ》、中宮寺《ちゅうぐうじ》、広隆《こうりゅう》寺《じ》などの建立に太子が関係したといわれています。**以降、奈良時代にかけて仏教の国教化とも呼べるほどの、国家による庇護が進んでいきます。**聖武天皇《しょうむてんのう》（701〜756年）による東大寺大仏《とうだいじだいぶつ》の造立《ぞうりゅう》、国分寺《こくぶんじ》・国分尼寺《こくぶんにじ》の設置など、国家事業としての仏教関連政策が相次いでいったのです。

仏教を発展させた初期の功労者たち

聖徳太子は、飛鳥《あすか》時代の中心的政治家で思想家。父は用明天皇、母は穴穂部間人《あなほべのはしひと》皇后。幼いころは厩戸豊聡耳《うまやどのとよとみみ》皇子と呼ばれた。592年に即位した女帝、推古天皇の摂政として仏教に基づいた政治を行なった

聖武天皇の在位は724～749年。父は文武天皇、母は藤原不比等の娘。皇后は光明皇后。仏教の興隆に力をつくし、それに伴い美術や工芸が大きく発展して、天平文化が花開いた

＊**聖徳太子**：推古天皇の摂政として、仏教に基づく革新的な政治を行なう。こんにち、実在した厩戸皇子(うまやどのみこ)をモデルにつくり出された人物だという説も有力になっている。

発展

仏教

仏教の各宗派はどのようにして興った？

奈良・平安・鎌倉の各時代に多くが誕生する

奈良時代に入ると、苦難の末に日本にたどり着いた中国の僧、鑑真《がんじん》（688～763年）が孝謙《こうけん》天皇《てんのう》（718～770年）の勅命《ちょくめい》により、東大寺《とうだいじ》に＊戒壇《かいだん》を築き、僧への授戒制度《じゅかいせいど》を整備しました。

受戒というのは、入信希望者に対して戒律に従うことを約束させる儀式で、これによって真剣に仏教に取り組もうとする者だけが、僧として認められるようになりました。

この動きと呼応するように、奈良の都に「南都《なんと》六宗《ろくしゅう》」という宗派が形成されていきます。法相《ほっそう》宗《しゅう》・三論宗《さんろんしゅう》・倶舎宗《くしゃしゅう》・成実宗《じょうじつしゅう》・華厳宗《けごんしゅう》・律《りつ》宗《しゅう》という六つの宗派です。いずれも中国で大成されたものが渡来したのですが、宗派といっても、宗派間の垣根はあまり高くなく、複数の宗派を学ぶ者も多数いたようです。

平安時代になると、ともに中国で学んだ僧の最《さい》澄《ちょう》が比叡山延暦寺《ひえいざんえんりゃくじ》を拠点に天台宗《てんだいしゅう》を、空海《くうかい》が高野山金剛峯寺《こうやさんこんごうぶじ》を拠点に真言宗《しんごんしゅう》をそれぞれ開き、**新しい仏教が成立していきます。**さらに当時は、飢饉、大火、地震などが頻繁に起こり、人々の心を不安にしていきました。このため、ひたすら念《ねん》仏《ぶつ》を唱えることで極楽浄土《ごくらくじょうど》への往生《おうじょう》を願う、浄土信仰《じょうどしんこう》が急速に拡大していきました。

この浄土信仰から、法然《ほうねん》による浄土宗《じょうどしゅう》、さらに時代が下って親鸞《しんらん》による浄土真宗《じょうどしんしゅう》（一向宗《いっこうしゅう》）が生まれ、広く民衆から支持されます。

禅宗《ぜんしゅう》が登場したのが鎌倉時代です。栄西《ようさい》の臨《りん》済宗《ざいしゅう》、道元《どうげん》の曹洞宗《そうとうしゅう》が、新興勢力である武士階級を中心に広まります。また、日蓮《にちれん》による日蓮《にちれん》宗《しゅう》、一遍《いっぺん》による時宗《じしゅう》も同じころに現れました。

法然が説いた念仏の教えやそのほかの仏教

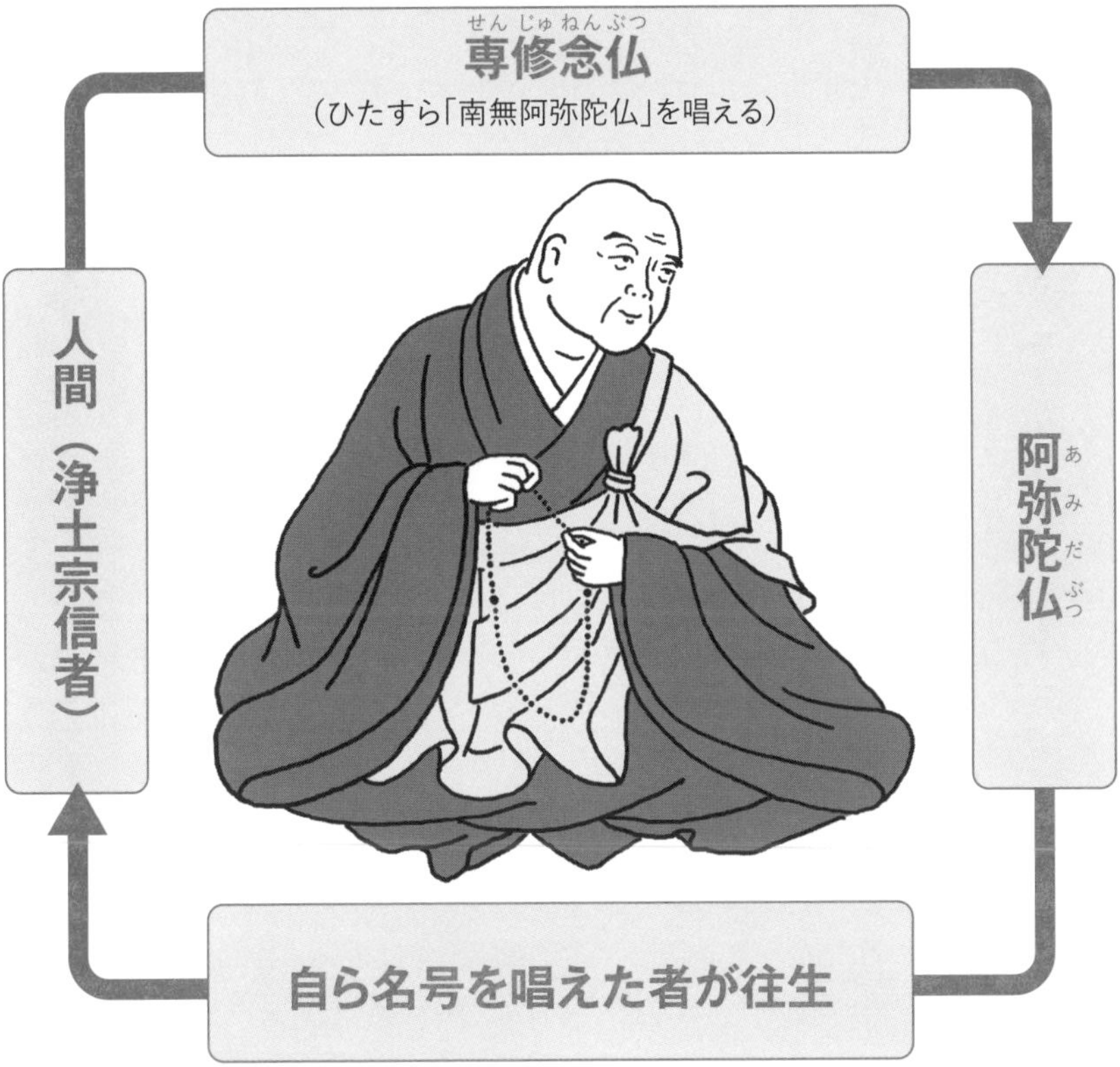

鑑真の建立した唐招提寺の金堂

空海の建立した高野山金剛峯寺

＊**戒壇**：戒律を授ける場所のこと。

戒律

仏教

僧侶になるには、どんな修行をすればいい？

現在は僧侶の認定制度のもとで僧侶になる

一般の人にとって僧侶《そうりょ》と接する機会は、葬儀《そうぎ》や法事《ほうじ》などの儀式のときぐらいです。しかし僧侶は、例えば禅宗の寺院では、修行を基本に活動しています。もっぱら鍛錬《たんれん》に励む毎日を送っています。また、上座部仏教が浸透している東南アジアでは、男性出家僧のみが居住する寺院が各地域に組織されています。

日本では、どのようにすれば僧侶になれるのでしょうか。ほとんどの宗派が、僧侶の認定制度をとっていて、以下のような手続きを経て僧侶になることができます。

まず、出家するための儀式である「得度式《とくどしき》」を行ない、僧侶となる資格を得ます。これによって僧籍《そうせき》を登録すれば各宗派への所属が認められ、活動することが可能になるのです。

仏教が日本に伝来した当初は誰でも僧侶になれました。律令時代《りつりょうじだい》は納税逃れのために僧侶となる不届き者が多く、受戒制度（前項を参照）が整備されて現代のような形になったといいます。

仏教の草創期は、比丘《びく》（出家した男性）、比丘尼《びくに》（出家した女性信者）、優婆塞《うばそく》（在家の男性信者）、優婆夷《うばい》（在家の女性信者）の四つのグループによって教団が構成されていました。

その後、徐々に在家の信者が経済的な支援を行なうようになり、**出家者は儀式や布教を専門に行なうようになりました。これが、聖職者的な僧侶の始まりとされています。**

ちなみに、仏教の聖職者の呼びかたは、僧・僧侶・僧尼《そうに》・僧伽《そうぎゃ》などいろいろありますが、語源は*サンスクリット語の「サンガ」です。

僧侶が行なう修行のいろいろ

僧侶になるためには
これらがすべて修行である

座禅。姿勢を正して坐り、その状態で精神を統一する。禅宗では基本的な修行の一つとなっている

仏に供える膳をつくり調えるほか、修行僧の食事もつくる

掃除は修行の一つであり、自らの心とつながる深い作業となっている

＊**サンスクリット**：サンスクリットとは「高尚・完全・純粋で神聖な雅語」という意味。中国語では「梵語(ぼんご)」と表記する。

戒律

仏教

仏教の信者が守るべき「戒」には何がある？

信者個人の道徳規範と宗派ごとの決まりごと

「戒律」という言葉は、もともと仏教用語です。**「戒」は信者個人が自発的に判断すべき道徳規範であるのに対し、「律」は教団・宗派ごとに守るべき規則をいいます。「戒」を破れば、他から非難はされますが具体的な罰はありません。一方、「律」は違反すれば罰則があります。**

「戒」のうち、最も基本的なものが以下にあげる「五戒」です。

- **不殺生戒《ふせっしょうかい》**／生き物を殺してはいけない
- **不偸盗戒《ふちゅうとうかい》**／人のものを盗んではいけない
- **不邪淫戒《ふじゃいんかい》**／不倫や浮気をしてはいけない
- **不妄語戒《ふもうごかい》**／嘘をついてはいけない
- **不飲酒戒《ふおんじゅかい》**／お酒を飲んではいけない

この「五戒」あくまで自発的なものですから、これらを守るには自分を厳しく律する必要があります。自分に甘くしようと思えばいくらでも甘くできてしまうわけですが、それでは救われないでしょう。

また、在家信者は「五戒」に加えて、「豪華な寝床で寝ない、身を飾らない、歌や踊りを視聴しない、間食をしない」などといった「八斎戒《はっさいかい》」も、月に一度実践することが定められています。

とはいえ、仏教の布教の過程で好き勝手にふるまう信者が出てくることもあります。そういった信者の行動を抑制するために、罰則つきの「律」がつくられていったのです。

大乗仏教と上座部仏教、あるいは宗派ごとに違いはあるものの、仏教信者の守るべき戒律は現在でも実践されています。

戒と律は別々のもの

戒律

戒

自分を律する内面的な道徳規範。
破っても罰則はない。

五戒《ごかい》

- 不殺生戒《ふせっしょうかい》
- 不偸盗戒《ふちゅうとうかい》
- 不邪婬戒《ふじゃいんかい》
- 不妄語戒《ふもうごかい》
- 不飲酒戒《ふおんじゅかい》

八斎戒《はっさいかい》

五戒に下記の三つを加えたもの

- 正午以降は食事をしない（不得過日中食戒）
- 歌舞音曲を見たり聞いたりせず、装飾品や化粧品などを使わない（不得歌舞作楽塗身香油戒）
- 地面に敷いた寝具のみを用い、ぜいたくな寝具や座具でくつろがない（不得坐高広大床戒）

律

教団・宗派ごとに決められた規則。
破ると罰則がある。

生活

仏教

信者の行動規範「六波羅蜜」って、どんなもの？

六波羅蜜——行動規範としての教えに従う

前項で、仏教の信者には「五戒」という基本となる戒律があることを述べました。これは、信者が守るべきいわば道徳規範のようなものです。

これをもう少し**日常の暮らしに即して、信者の行動規範としての教えを説いたものが、以下の「六波羅蜜《ろくはらみつ》」と呼ばれるものです。**ちなみに、「波羅蜜」とは悟りに至るという意味です。

● **布施《ふせ》**／広く施《ほどこ》し（物質のみではない）をすること。しかし、その代償を求めてはならない

● **持戒《じかい》**／道徳・法律などを守ること。常識を持ってどんなことにも対処できるように、自ら戒《いまし》めなければならない

● **忍辱《にんにく》**／苦難や辱《はずかし》めを受けても、耐え忍ぶこと。悲しんだり失望したりせず、平静でいられるようにする

● **精進《しょうじん》**／不断の努力をして目的に向かって進むこと。誠心誠意を尽くすようにする

● **禅定《ぜんじょう》**／座禅《ざぜん》や瞑想《めいそう》によって心を静めて自分自身を客観的に見つめ、心の声を聞くこと

● **智慧《ちえ》**／以上の五つを実践するため、あらゆることに精通《せいつう》し、判断を誤らないようにすること

六波羅蜜には私たちが日常的によく使う用語があります。このほか、私たちの生活のなかに浸透《しんとう》している仏教用語もたくさんあります。

● **非情《ひじょう》**／仏教では、人間のように心を持つものを有情《うじょう》、植物のように心を持たないものを非《ひ》情《じょう》といいます。そこから、心がない人や仕打ちをこういうようになりました

● **大げさ**／僧侶の袈裟《けさ》が華美になり、仰々《ぎょうぎょう》しくなったのが大袈裟。転じて、誇張する意味です。

六波羅蜜《ろくはらみつ》とは?

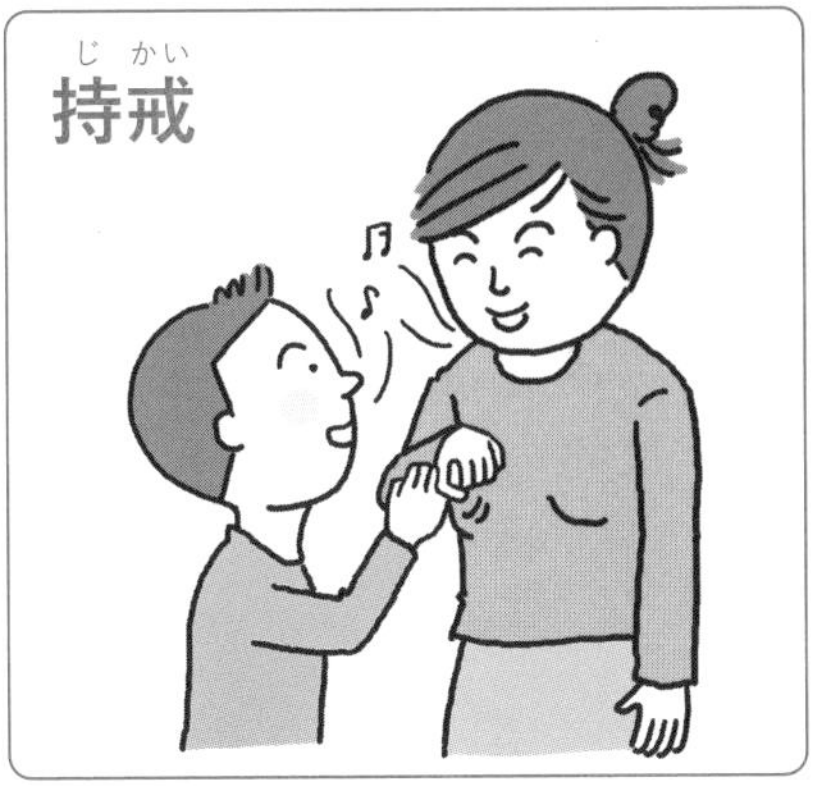

生活

仏教

仏教に由来する行事には、何がある？

日常生活に根ざした多くの行事が行なわれる

日本で行なわれている、仏教に由来する行事の主なものをいくつかあげてみましょう。

- **修正会《しゅしょうえ》**／新年の吉事を祈願する法会で、12月31日から始まる
- **涅槃会《ねはんえ》**／ブッダの入滅が陰暦の2月15日であったとされることから、命日の法要《ほうよう》として行なわれる
- **盂蘭盆会《うらぼんえ》**／7月か8月の13日から15日にかけて行なわれる行事（新暦か旧暦で異なる）。迎え火や送り火などによって先祖の冥福《めいふく》を祈る
- **成道会《じょうどうえ》**／12月8日、ブッダが修行によって悟りを開いたことにちなんで行なわれる行事

多くの日本人は、葬儀《そうぎ》は仏式で行ないます。先祖を供養《くよう》するための仏壇も、多くの家庭に置かれています。平安時代までは一般家庭では神仏の絵をはる程度だったのですが、室町時代《むろまちじだい》以降、仏絵をはるようになり、それが、こんにちの仏壇へと発展したといわれています。

葬儀や法事の際には焼香《しょうこう》をします。これは、その香気によって心を浄化し、仏前《ぶつぜん》を清め、死者を供養するために行なうものです。ただし、焼香の方法は宗派によって異なっています。同じように、仏壇の形や色についても宗派によってかなり違ってきます。

次の章で述べる神道と並び**仏教も、私たちの日常生活のなかに深く根をおろしています。例えば春と秋のお彼岸《ひがん》ですが、阿弥陀如来《あみだにょらい》のいる彼岸（極楽浄土《ごくらくじょうど》）は西にあるとされていて、太陽が真西に沈む日（彼岸の中日）に浄土往生《じょうどおうじょう》を願う習慣から生まれたものだといわれているのです。**

仏教に由来する行事

お彼岸

春分の日、秋分の日を中日とする前後7日間行なわれる行事。お盆は先祖の霊がこの世に戻ってくるが、お彼岸は浄土に思いをはせる期間

新年の吉事を願う行事である修正会

京都大文字の送り火は代表的な盂蘭盆会の行事

涅槃会で行なわれるお松明式。農作物の豊凶を占う

生活

仏教

日本以外では仏教はどう信じられているの？

アジア各国でそれぞれ独自の発展を遂げた

仏教はインドからアジアの各国に伝わり、それぞれの国で独自の発展を遂《と》げていきました。なかでも**上座部仏教の中心地として、国民の95％が仏教を信仰しているのがタイです。**タイの国王は仏教の最高擁護者であり、仏教徒でなければ王位につくことはできません。

タイでは、成人を迎えた男性のほとんどが、一生のうちのどこかで一時出家をする習慣が現在でも広く行なわれており、政治から国民の生活まで仏教は深く浸透しています。そして、出家した者は227の厳しい戒律を守り、ひたすら解脱を求めて精進することが義務づけられているのです。

日々の糧も、人々からの恵み（喜捨《きしゃ》）によって得なければならないため、朝の托鉢も大事な修行の一つとなっています。

一方、6～7世紀にチベット地方に伝わった仏教は、呪術的傾向の強い土着のボン教と争いながら、**独自のチベット仏教（ラマ教）へと発展していきました。**また、清朝時代（1644～1912年）に中国が積極的にチベット仏教をとり入れたこともあって、その後、モンゴル、中国北部、シベリアなどへも伝えられました。

チベット仏教の特徴は、四宝（仏・法・僧・師）のなかでも特に「師（グル）」を重要視し、導師《どうし》（ラマ）を尊敬するところにあります。

ラマ教という名前もここからきています。宗教的には密教《みっきょう》的要素が強く、**高僧が死んだ後、再び子どもの姿となって生まれかわるという、「転生活仏《てんしょうかつぶつ》」といった、独自の宗教観を持っています。**

チベット仏教で行なう五体投地《ごたいとうち》のやりかた

五体(両手・両膝・額)を地に投げ伏せて礼拝する修行の一つ

●直立し、
胸の前で
両手を合掌
●両手をあわせ
たまま頭頂へ
持っていく
●そのまま眉間
に降ろす
●そのまま咽、
胸の位置まで
降ろす
●両膝、両手、額を
地面につける
●時間を置かずに
立ち上がり、
これを繰り返す

COLUMN

巡礼を行なう人の目的はさまざま

四国にある88の霊場をめぐり、参拝することを「四国巡礼《じゅんれい》」、または「遍路《へんろ》」といいます。弘法《こうぼう》大師《だいし》として知られる真言密教《しんごんみっきょう》の開祖・空海《くうかい》が、四国に88カ所の霊場を開き、それらの霊場を巡礼することが功徳《くどく》をもたらすとされるようになって、一般の人々にも普及していきました。

四国巡礼は、徳島県にある1番札所・霊山寺《りょうぜんじ》から始まり、香川県にある88番札所・大窪寺《おおくぼじ》まで、総行程約１５００キロを回る旅です。一度にすべての霊場を回ることを通し打ち、区間を区切って回ることを区切り打ちといいますが、一度にすべてを回らなくてもよいとされています。

信仰のために巡礼を行なう人はもちろんですが、健康のため、人生に一区切りをつけてこれからの生きる方向を探るため、と目的はみんな違っているようです。いずれにしても、巡礼の旅はその人なりの功徳をもたらすに違いありません。

第4章

神道

森羅万象が神の
民族宗教

起源

神道

神道はいつごろ、どのように成立した？

古代から各地域で自然発生的に生まれた

日本民族の初期の信仰は、農耕、狩猟《しゅりょう》、漁労《ぎょろう》といった生業《せいぎょう》に対応してさまざまな形態を持ち、地域的にも多様であったと考えられます。**神道《しんとう》は、このように古代から各地域で自然発生的に生まれた土着信仰が発展して生まれたものといわれています。**

そのため神道には、崇拝《すうはい》する単一の神や開祖《かいそ》だけではなく、明確な教義や教典もありません。ここが、キリスト教やイスラム教、仏教などの宗教と大きく異なります。**神道の神とは、「八百万《やおよろず》の神《かみ》」といわれるように、山、川、動物、あるいは芽生えや実りなどの森羅万象《しんらばんしょう》であり、巨木や岩、鏡《かがみ》、剣《けん》、偉人などが崇拝の対象となりました。**

神が宿るものを「依代《よしろ》」といい、常緑樹の巨木がその代表的なものです。「磐境《いわさか》」と呼ばれる特定の石や岩もまた、神が宿りくる場所とみなされました。

また、奈良県の*三輪山《みわやま》のように山そのものが神、すなわち「ご神体《しんたい》」とみなされる例もあります。ここは、いまでも大神神社《おおみわじんじゃ》として信仰の場になっています。

古代の日本人は、天変地異などの大きな災いが起こると、これを荒ぶる神ととらえ、神を祀《まつ》り敬《うやま》うことで難を逃れようとしました。また、身の回りのものでも神として祀ることで、家族の安《あん》泰《たい》、氏族の繁栄、生活の向上などを願いました。

このようなことからもわかるように、**神道には、人を支配したり、導いたりする神がいないのです。**ここも、ほかの宗教には見られない大きな特徴となっています。

神社の起源について

神

祭りのときのみ
やってくる

依代《よりしろ》 神が宿る

●**磐境《いわさか》** ●**神籬《ひもろぎ》**

神体山《しんたいさん》

山そのものが
神とされている

山全体がご神体となっている三輪山を望む。面積350ヘクタールの山全体は松、杉、檜などの大樹に覆われ、一木一草に至るまで神宿るものとして尊ばれている

静岡県浜松市にある天白磐座遺跡《てんぱくいわくらいせき》。巨岩群を神の依代(磐座)とした祭祀遺跡である

＊**三輪山**：奈良県桜井市にある円錐形の山。標高は467.1メートルで、周囲は16キロ。西麓にある大神神社には大物主神《おおものぬしのかみ》が祭神として祀られている

起源

神道

神社の神さまと日本の歴史はどうつながる？

神々には天皇・朝廷との結びつきが見られる

神道と密接な関係にあるのが歴史書『古事記《こじき》』（712年）と『日本書紀《にほんしょき》』（720年）です。前者は、天皇の系譜や民間に伝わる伝承などを記憶していた稗田阿礼《ひえだのあれ》の話を太安万侶《おおのやすまろ》がまとめたもので、ストーリー性を持っています。

後者は＊舎人親王《とねりしんのう》が編纂《へんさん》したもので、国の正史を述べています。

古代国家の成り立ちと、その正当性を主張する目的で編纂されたこれらの歴史書には、各地の神社伝承にみられる神社の神々と、天皇や朝廷との結びつきをうかがわせる記述が登場します。

これは、各地域の土着の政治権力の発祥にまつわる神話や、各地域の氏族の伝承も国づくりの物語に取り込み、朝廷のもとに統合していったことを国家の歴史として記述する狙いがありました。

例えば、『古事記』と『日本書紀』によれば、出雲《いずも》の豪族の大和朝廷《やまとちょうてい》への従属を表す「出雲の国譲り《くにゆずり》」の物語では、天皇の皇祖《こうそ》である天照大神《あまてらすおおみかみ》は出雲の大国主神《おおくにぬしのかみ》に対して、天日隅宮《あめのひすみのみや》を建造することを約束しています。これは、出雲大社《いずもおおやしろ》の起源を語る神話です。

また、天照大神の子孫である瓊瓊芸命《ににぎのみこと》が天孫《てんそん》降臨《こうりん》で日向《ひむか》の高千穂《たかちほ》の峰《みね》に降り立ったとき、これを出迎えた猿田彦神《さるたひこのかみ》は、自らも地上に降りて伊勢《いせ》の五十鈴川《いすずがわ》のほとりに退きます。のちに、皇女倭姫命《やまとひめのみこと》がこの地にたどり着き、天照大神の神鏡《しんきょう》をここに鎮座《ちんざ》させます。これは、皇室の氏神である伊勢の神宮の起源を語る神話です。

以上のことから、伊勢の神宮と出雲大社は、日本古来の重要な神社と考えられています。

『古事記』に登場する主な神々

伊耶那岐命《いざなぎのみこと》
神々のなかで伊邪那美命とともに最初に夫婦になった。日本の島々、多くの神々を生み出してゆく

伊耶那美命《いざなみのみこと》
国づくりのなかで火の神である火之迦具土神(ひのかぐつちのかみ)を生んだときに火傷を負って亡くなる

天照大神《あまてらすおおみかみ》
伊邪那岐命の生み出した神。多くの神々のなかでも最も位の高い神とされ、天皇家の祖神とされている

須佐之男命《すさのおのみこと》
天照大神の弟で、「八岐大蛇《やまたのおろち》退治」の話でよく知られている。この話のなかで、三種の神器の一つである草薙剣《くさなぎのつるぎ》を得て、天照大神にささげる

天之御中主神《あめのみなかぬしのかみ》
日本神話のなかで最初に登場する神。天地開闢《かいびゃく》のとき、はじめの1柱として宇宙に生まれた存在であるとされる。神名は「天の真中を領する神」というほどの意味

大国主神《おおくにぬしのかみ》
土着の神の代表的な神。出雲大社・大神神社の祭神であり、『古事記』の記述中ではひんぱんに登場する

天宇受売命《あめのうずめのみこと》
「天岩戸」の物語で知られる神。岩戸に隠れた天照大神を外に引き出すのに協力する。天孫降臨する5柱の神のひとりでもある

邇邇芸命《ににぎのみこと》
天照大神の孫。4柱の神々を従え、天界である高天原から地上の世界である葦原中《あしはらのなかつ》国《くに》へ降り立った

木花之佐久夜毘売《このはなのさくやひめ》
日向《ひゅうが》に降臨した天照大御神の孫、邇邇芸命と結婚し、神武天皇の祖父となる火遠理《ほおりの》命《みこと》を生む

火遠理命《ほおりのみこと》
邇邇芸命の3子のうちのひとり。「海幸・山幸」の物語に登場する山幸。孫は初代の神武天皇

＊**舎人親王**：飛鳥時代から奈良時代にかけての皇族政治家（生没年は676 ～ 735年）。天武天皇(てんむてんのう)の皇子。歌人としても知られ、『万葉集（まんようしゅう）』では3首が収録されている。

発展

神道

なぜ、神道は「国家の宗教」となったの？

政治を支える土台として利用されていった

大和朝廷は国家の統一にあたり、自らの氏神《うじがみ》を祀る神社である天社《あまつやしろ》のほかに、新たに従属した土地の先住氏族の神々を祀る神社を国社《くにつやしろ》として国家祭祀《こっかさいし》に取り込み、融合をはかりました。

＊律令体制《りつりょうたいせい》が確立すると、神祇官《じんぎかん》という役所が設置され、国家の祭祀《さいし》を行ないます。祈年祭《きねんさい》・新嘗祭《にいなめさい》・月次祭《つきなめさい》・大祓《おおはらえ》といった祭祀に際して、神祇官は天地の神々に奉幣《ほうへい》を行ないます。「幣」というのは、捧《ささ》げもののことです。

その後、神祇官が直接奉幣する官幣社《かんぺいしゃ》と、地方の国司が奉幣する国幣社《こくへいしゃ》などが定められます。平安時代中期に律令の細則を定めた「延喜式《えんぎしき》」で一宮《いちのみや》、二宮《にのみや》といった社格の制度なども整備され、国家による神社祭祀の制度が整っていきました。

しかし、奈良時代に入って仏教が隆盛になると、伝統的な神の信仰と仏教が影響しあい、神仏習合《しんぶつしゅうごう》が起こってきます。神社のなかに、それに付属する形で寺院が建てられるようになるなど、神道と仏教とが不可分に結びついていきました。この寺院のことを「神宮寺《じんぐうじ》」といいます。

こうして国家が神社を管轄するという制度は、しだいに崩壊していくことになりますが、「神仏分離《しんぶつぶんり》」を行なって、国家と神社のつながりを復活させたのが明治政府です。一部の地域では、仏教を排斥《はいせき》する廃仏毀釈《はいぶつきしゃく》の運動も起こりました。**明治政府は、旧来の仏教や西欧列強のキリスト教に対抗し、新しい日本を支える土台として「国家神道《こっかしんとう》」を構築しようとしたのです。**

こうして、神社への崇敬は国民の当然の義務だという考えが広まっていきました。

神社は「国家の宗祀《そうし》」と位置づけられた

官弊社《かんぺいしゃ》

皇室祖神や天皇、国家に功労のある神など

国弊社《こくへいしゃ》

官幣社に次ぐ社格の神社。地方開拓や発展に功労のあった神など

近世～近代の神祇制度の流れ

江戸時代	神仏習合	●僧侶は神職を兼ねたこともあった ●神社、寺院は境内に同居することもあった
明治時代	神仏判然	●僧侶、神職は別 ●神社、寺院も別々

＊**律令体制**：国の政治の仕組みで、律（刑法）と令（行政法・訴訟法など）に基づいて政治を行なう国の仕組み。中国（唐）の律令体制にならって取り入れられた。

発展

神道

日本で神道と仏教はどのような関係なの？

一方の苦しみが他方により救われるという関係

前項で神仏習合について少し触れました。これは、神も私たちと同じように苦しむ存在であり、それが仏によって救われるという「神身離脱《しんしんりだつ》」という考えに基づいています。これによって、神のために法華経《ほけきょう》などを読経《どきょう》する神前読経なども行なわれました。

また、仏教と結びついた八幡神《はちまんしん》も登場しました。八幡神は、もともと大分県の宇佐《うさ》に祀られていましたが、奈良時代、東大寺の大仏建立に際し、これを助成するために749年に奈良の手向山《たむけやま》にも祀られることになりました。**仏教を守る神の登場というわけです。このような神は、「護法善神《ごほうぜんじん》」と呼ばれます。**

平安時代の初期には「本地垂迹説《ほんじすいじゃくせつ》」が出て、神仏習合はいっそう進んでいきます。これは、仏や菩薩《ぼさつ》がこの世の人々を救うために、仮の姿として神となって現れるという考えのことです。この場合、仏や菩薩が本地（本体）で、神が垂迹（仮の姿）ということになります。これによって、それまでは具体的な姿となることがなかった神が、神像として描かれるようになりました。

神仏習合が進むのと並行して、奈良時代後期～平安時代初期に御霊信仰《ごりょうしんこう》が盛んになります。恨みを残して死んだ人の霊がたたりをもたらすと考え、その霊を慰めようと読経などを行なうものです。失意のうちに世を去った菅原道真《すがわらのみちざね》の霊に対する御霊信仰は、よく知られています。

また、疫病の原因が御霊のたたりであるという疫神《えきしん》信仰も、御霊信仰の考えから出たものと思われます。

神仏習合はどのように展開したのか?

8世紀以降、「神身離脱」の観念 → 神宮寺建立 → 神前読経
神に対して「法華経《ほけきょう》」、「大般若経」などを読む
→ 「護法善神《ごほうぜんじん》」の観念
仏教を守る

↓

本地垂迹説《ほんじすいじゃくせつ》と発展

本地

大日如来《だいにちにょらい》　阿弥陀如来《あみだにょらい》　釈迦如来《しゃかにょらい》
地蔵菩薩《じぞうぼさつ》　観音菩薩《かんのんぼさつ》

垂迹

伊勢神宮　春日第一殿　日吉大宮
熊野三山証誠殿《くまのさんざんしょうじょうでん》　春日第三殿　熊野三山禅師宮《くまのさんざんぜんそちのみや》

生活

神道など

多くの日本人は無宗教というのは、本当？

重層信仰が日本の文化的特徴になっている

日本人は、無宗教の人が多いといわれます。ところが、お正月には多くの人が神社仏閣《じんじゃぶっかく》に初詣《はつもうで》に出かけ、お葬式のときはお坊さんにお経をあげてもらいます。年忌法要《ねんきほうよう》も仏式できちんと行なう人がたくさんいます。また、子どもが生まれればお宮参りや七五三を神社で行ないます。

無宗教であれば、家庭に神棚《かみだな》や仏壇《ぶつだん》を祀ったりしません。多くの日本人は日ごろほとんど意識しないと思いますが、「神さま、仏さま」という言葉があるように、神道、仏教、両方の信仰に足を踏み入れているのではないでしょうか。

神道と仏教はお互いに影響しあいながら、これまで展開してきました。仏教が伝来しなければ、神道はいまのような形になっていなかったに違いありません。仏教にしても、中国と朝鮮半島を経由して伝わってきた大乗仏教が、きわめて日本的な形になったのも、古代からの神への信仰があったからなのです。

日本人の年中行事や人生儀礼と呼ばれる習俗には、神道、仏教、儒教《じゅきょう》、道教《どうきょう》、さらにはキリスト教など、多様な宗教の要素が流れ込みました。これに対してほとんどの人が抵抗感がありません。

このように、**複数の宗教的伝統が混ざり合い、ときに深く融合しあう状態を「重層信仰《じゅうそうしんこう》」と呼びます。**

同じひとりの人間が、神社仏閣で初詣や七五三、先祖供養を行ない、クリスマスやハロウィーンというキリスト教の行事を楽しんだりしても、誰もおかしいとは思いません。**重層信仰が日本の文化的特徴**になっているからだといえるのではないでしょうか。

日本人は神道と仏教を使い分けている

日本人は複数の信仰対象を持つ

- 神道の神さまたち
- 仏
- キリスト教の神さま

ひとりが区別なく、複数の宗教を受け入れる

- 初詣：神社
- 葬式：仏教
- 病や生きかたの理想：新宗教

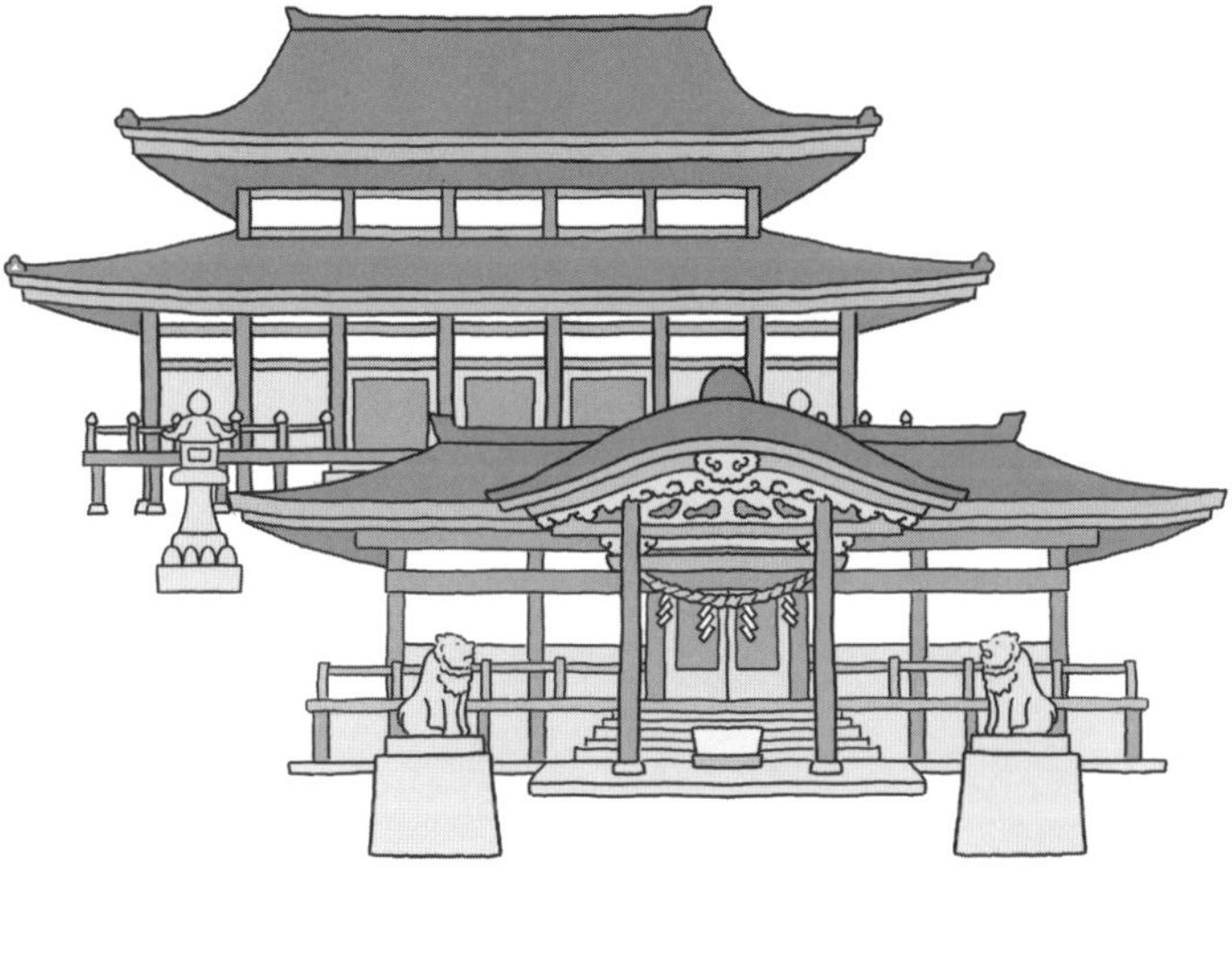

COLUMN

祭りで神と人とのつながりを確かめる

神道における祭りは、その多くが農耕儀礼と結びついています。年のはじめの豊作祈願、春の農耕開始、夏の病虫害駆除、秋の収穫感謝と、季節ごとに行なわれる祭りが、最も主要なものとなっているからです。

生活の節目ごとに、神々への畏敬《いけい》の念を表し、神の加護に感謝する行事が、神道の祭りといえるでしょう。祭りは、まず神々を迎えるために人々が心身を清めることからはじまり、用意された場所に神を降ろして、神前に御饌《みけ》・神酒《みき》を供えます。

そのあと、人々は神に対する願いを祝詞《のりと》で伝えます。そして、神と人々がともに酒を飲み、神饌《しんせん》を食べる直会《なおらい》によって、神と人とのつながりを確かめ、そのあと、神が祭りの場を去ると祭りは終わりを迎えるのです。

第5章

世界のそのほかの宗教

土着の宗教から新宗教まで

起源

ヒンドゥー教

ヒンドゥー教って、いったいどんな宗教？

宗教だが、日常生活を規定する生活法でもある

ヒンドゥー教は、インドをはじめとした東南アジア地域で信仰されている宗教です。世界で2番目に人口の多いインドの8割の人が信仰していますから、キリスト教、イスラム教とともに世界の三大宗教といわれることがあります。

紀元前1300年ごろ、*アーリア人がインドに侵入し、先住民族を征服、あるいは融和しながらインドに定着します。

そのアーリア人に伝えられてきた宗教をこの地で発展させたのがバラモン教であり、カーストという身分制度でした。

ブッダやジャイナ教の開祖であるマハーヴィーラ（118〜119ページ参照）などがバラモン教のこの身分制度を厳しく批判し、一時期、バラモン教はインドでほぼ消滅します。しかしバラモン教は、仏教やジャイナ教のいいところを積極的に取り入れ、より大衆的な民族宗教であるヒンドゥー教として再生していくのです。

ヒンドゥー教は、原始的な信仰や呪術《じゅじゅつ》だけでなく、高度な神学や倫理の体系を持っています。同時に、カースト制度や生活の制度をはじめ、法制や習俗など日常生活の全般を規定しています。

そうした意味で、**ヒンドゥー教は宗教というより生活法だという見かたもあります。**

ヒンドゥー教の数ある聖典のなかで、最も古く、根本的だといわれている聖典がヴェーダです。ヒンドゥー教徒はヴェーダの絶対的な権威を認め、はるか古代の聖仙（修行によって超人的な能力を持つ人）が神秘的霊感によって感得した啓示だと考えています。

バラモン教の発展とヒンドゥー教の成立

バラモン教の発展

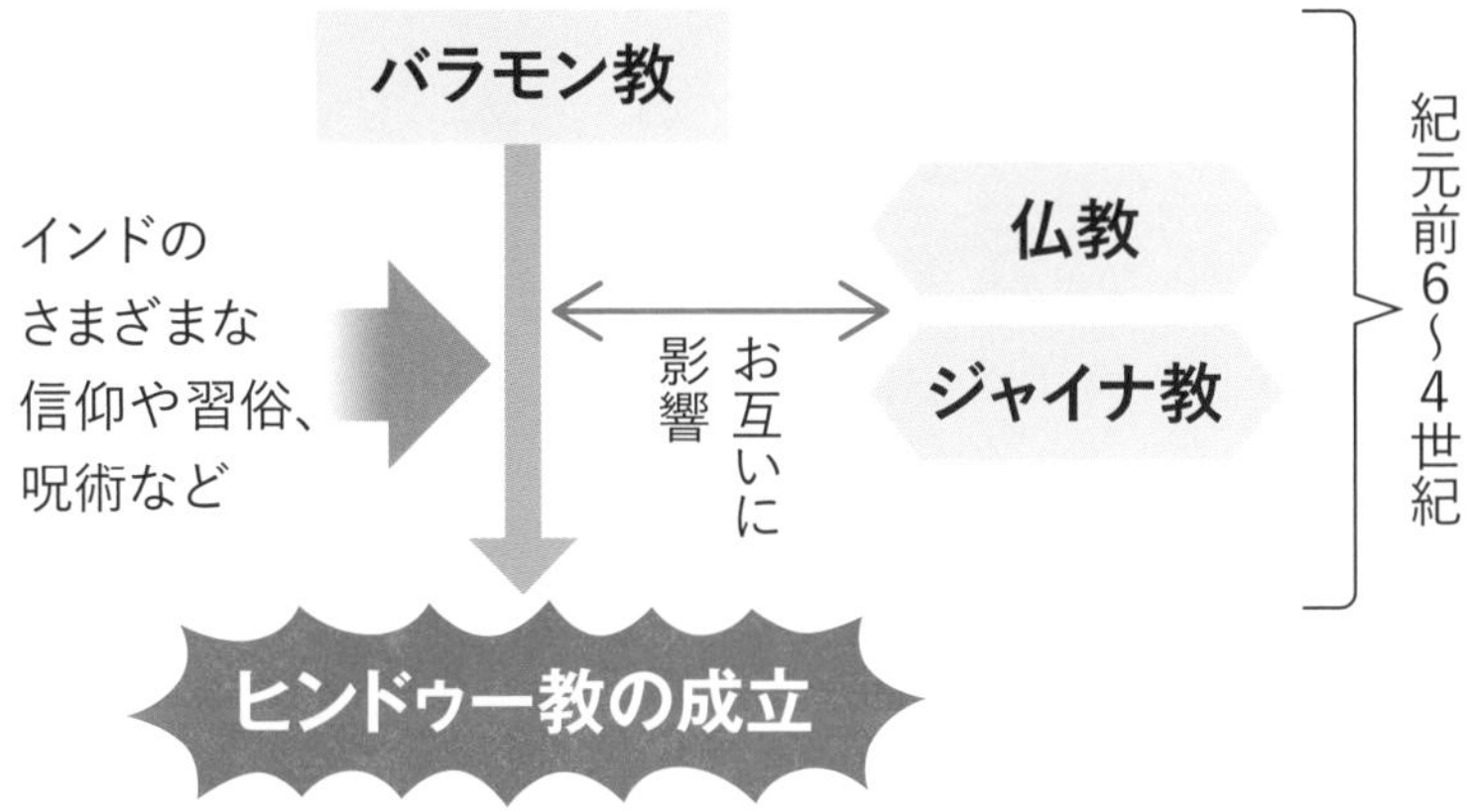

ヒンドゥー教の代表神

＊**アーリア人**：紀元前2000年〜紀元前1500年に中央アジアからイランやインドに移住した民族。「アーリア」とは梵語(ぼんご)で「貴い」というほどの意味。

教義

ヒンドゥー教

なぜヒンドゥー教にカースト制度が関係する？

カースト制度を支える輪廻思想が根本にあるから

ヒンドゥー教の教義の特色の一つが、業《ごう》（カルマ）、輪廻《りんね》、解脱《げだつ》といった考えかたです。 人は亡くなっても無になるのではなく、それぞれの業によって来世《らいせ》で新しい肉体を得ると考えられています。業とは行ないのことで、すべての行ないは業として本人に蓄えられ、その善し悪しによって次の生まれかわりが決まるとされます。このように生死を無限に繰り返すことを輪廻といいます。

そして、**ヒンドゥー教で最高の目標が、業・輪廻からの完全なる自由、つまり解脱なのです。**

カースト制度もヒンドゥー教を語るうえで絶対に欠かせません。基本的には、左のページにあるように四つのヴァルナ（種姓《しゅせい》）と無数のジャーティ（身分・職制）に分かれており、この二つをあわせてカースト制度と呼んでいます。

カーストは親から受け継がれ、身分や職業を規定し、途中でカーストを変えることはできません。 ただし、現世でカルマを積み重ねることで、来世でより高いカーストに上がることができるとされています。

この逆もあり得るわけで、**輪廻思想がカースト制度を支えているといっていいでしょう。**

結婚は原則として同じカースト間でしか認められません。ただし男性は、下位のカーストの女性との結婚であれば、大目に見られるようです。

このようなこともあって、下位のカーストから抜け出して自由になるために、イスラム教や仏教に改宗する人もたくさん出ていますし、カースト制度を批判するシーク教などの新しい宗教も生まれています。

インドに定着しているカースト制の概要

インドではさまざまなカーストに属する人々が暮らしている

バラモン

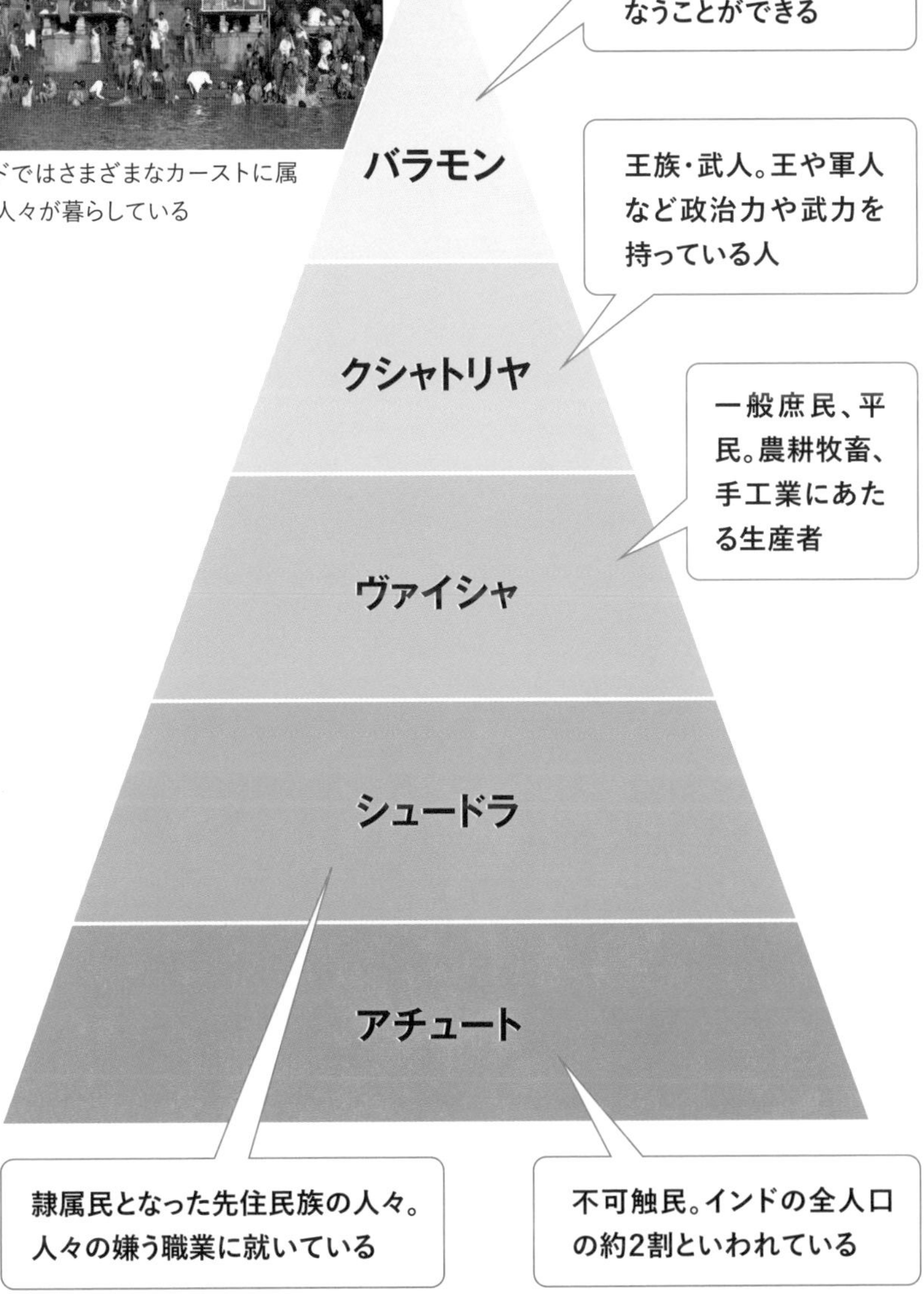
司祭・僧侶。儀式を行なうことができる

クシャトリヤ
王族・武人。王や軍人など政治力や武力を持っている人
ヴァイシャ
一般庶民、平民。農耕牧畜、手工業にあたる生産者
シュードラ
隷属民となった先住民族の人々。人々の嫌う職業に就いている
アチュート
不可触民。インドの全人口の約2割といわれている

発展

ヒンドゥー教

なぜヒンドゥー教は東南アジアに広まった？

平和、愛、奉仕などを合言葉に布教したから

ヒンドゥー教は多神教で、数多くの神が信奉されています。しかし、そのなかでも**ヴィシュヌとシヴァが多くの信者からの支持を集め、ヴィシュヌ派とシヴァ派の二つの宗派が生まれました。**ヴィシュヌ派は神への絶対の帰依《きえ》を説き、神の恩恵によって解脱《げだつ》できると考えます。シヴァ派は、ヨーガの修行や苦行が特色です。

この2神とブラフマーで*三神一体《さんしんいったい》（トリムルティ）と呼ばれています。

ヒンドゥー教は、力で布教活動をしてきたわけではありません。「平和、愛、奉仕」などを合言葉に布教を行ない、インドから周辺の東南アジアの国々に広がっていきました。ネパール、カンボジア、シンガポール、モーリシャス、インドネシアの一部などで信仰されています。

これらの国々では、ヒンドゥー教は個々に発展し、各国で独自の文化を生み出しています。

例えばカンボジアにあるアンコールワットは、12世紀に建てられた、アンコール朝のヒンドゥー教寺院の遺跡です。

16世紀後半に仏教寺院に改修され、現在でも上座部仏教《じょうざぶぶっきょう》の寺院となっています。また、世界遺産として多くの観光客を集めています。

また、**東南アジアのなかでインドネシアはイスラム教の国ですが、バリ島だけはヒンドゥー教が信仰され、独自の文化が花開いています。**

伝承によるとバリ人はもともとチベットから北インドに移動してきたヒンドゥー教を信仰する民族で、彼らがやがて東南アジアに移動してバリ島に住み着いたといわれています。

東南アジア各地に広がったヒンドゥー教

インドネシアのジャワ島中部にあるヒンドゥー教寺院のプランバナン寺院を中心としたプランバナン寺院群。9世紀のもの。寺院はインドネシア最大のヒンドゥー教寺院である

バリ島のワルワツ寺院に伝わる伝統的なケチャダンス

南インドの海岸にあるマハーバリプラムの海岸寺院。古い時代の寺院でさまざまな彫刻などを見られる

＊**三神一体**：ブラフマー、ヴィシュヌ、シヴァの３神は、宇宙の創造、維持、破壊という三つの機能がそれぞれに割り当てられて神格化したものだとする、ヒンドゥー教の考えかた。

ユダヤ教

起源

ユダヤ教が生まれたのは、神に選ばれし民だったから？

ヤハウェによる選民思想がユダヤ人のアイデンティティ

ユダヤ教は文字どおりユダヤ人が信仰している民族宗教です。きわめて古い歴史を持ち、キリスト教やイスラム教の源流ともいえる一神教です。**天地の創造者で唯一絶対の神＝ヤハウェを奉じ、ユダヤ人はこのヤハウェによって選ばれたという「選民思想《せんみんしそう》」が、信仰の根底に流れています。**

これは、ヤハウェが世界に正義と公正を実現するために選んだのが、イスラエルの民の父祖であるアブラハムと、イスラエルの民、そしてその指導者モーセであるという考えかた、つまり、**イスラエルの民＝ユダヤ教徒こそ唯一絶対の神に選ばれた民であるというわけです。**

聖典は次項で詳しくお話しますが、『ヘブライ聖書』と呼ばれるもので、内容としてはキリスト教徒のいう『旧約聖書』です。

ユダヤ教は単に宗教というよりも、ユダヤ人がユダヤ人であるためのアイデンティティであり、厳しい決まりともいえます。

紀元70年ごろ、ローマ軍によってエルサレム神殿を破壊され、ユダヤ人はここへの立ち入りを禁じられてしまいます。**ユダヤ人は以降、１９４８年にイスラエルが建国されるまで、１８００年以上にわたって祖国を失い、流浪の生活を送ることになります。**

こうした民族が結束するためには、教義を厳格に守ることが要求されました。ユダヤ人は、ラビと呼ばれる律法の指導者たちに導かれ、シナゴーグ（ユダヤ教会堂）を中心にして、さまざまな国に暮らしながら、ユダヤ教の教義と民族の伝統を守ってきたのです。

ユダヤ人の流浪の生活とは

紀元70年ごろ：ローマ軍によるエルサレム神殿の破壊

流浪の生活

エルサレム神殿が破壊されたのち、ユダヤの人々は住む場所を求めて流浪の生活を余儀なくされた

ユダヤ人の分布

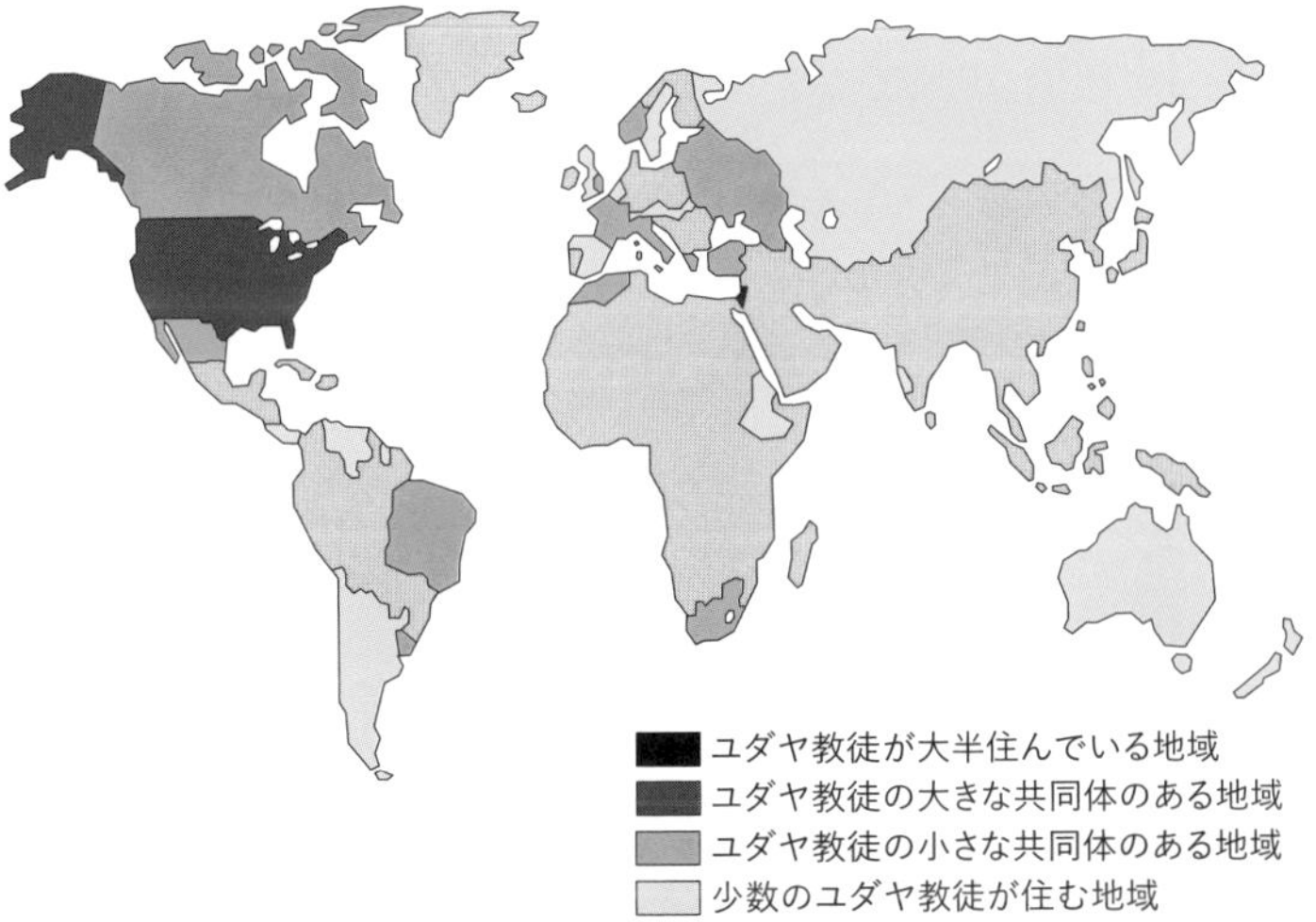

1948年：イスラエルの建国

教典

ユダヤ教

ユダヤ教の聖典には、どんなものがあるの？

教えの中心は『モーセ五書』『タルムード』

「流浪《るろう》の民《たみ》」となったユダヤ人は、自分たちのよりどころとして、ユダヤ教の聖典《せいてん》を求めるようになります。こうして、**紀元90年ごろに宗教会議が開かれ、ユダヤ教徒の聖典である『ヘブライ語聖書』が誕生しました。**

『ヘブライ語聖書』は、内容的にはキリスト教の『旧約聖書《きゅうやくせいしょ》』とほぼ同じものです。冒頭の「創世《そうせい》記《き》」、「出《しゅつ》エジプト記《き》」、「レビ記《き》」、「民数記《みんすうき》」、「申命記《しんめいき》」は『モーセ五書《ごしょ》』と呼ばれ、律法書《りっぽうしょ》（トーラー）として神聖視されています。なぜなら、それはシナイ山の頂で神が、その意思をモーセに直接啓示した内容だと信じられているからです。ユダヤ教にとって最も重要な聖典です。

『モーセ五書』に次いで神聖視されているのが、口伝の律法書である『タルムード』です。前者はユダヤ教の教えの中心となっているものですが、後者は生活上のあらゆる問題を網羅して論じているもので、祖国を離れたユダヤ人はこれを日常生活のよりどころとしました。

律法を学ぶことは、ユダヤ教徒にとって基本中の基本です。その中心となるのが、613もの戒律。このなかにはモーセの十戒《じっかい》も含まれています。十戒はキリスト教における戒律でもありますが、ユダヤ教ではそれだけが重要な戒律だけではありません。「*割礼《かつれい》」や「適正食品規定《てきせいしょくひんきてい》」も厳格に守るべき戒律とされていて、食べていいものといけないものとが厳密に決められています。

世界各地に離散したユダヤ人は、『タルムード』の示す宗教的行動規範に従うことにより、ユダヤ教徒としての自覚を維持できたのです。

ユダヤ教の教典　~律法と『タルムード』~

律法

創世記　出エジプト記　レビ記　民数記《みんすうき》　申命記《しんめいき》

トーラーもしくはモーセ五書と呼ばれている。
キリスト教、「旧約聖書」最初の五つの書

↓

タルムード

種子篇　聖会篇　婦女篇　損害篇　聖物篇　聖潔篇

モーセが口伝によって残したもの。
またラビたちの注釈で成立している

モーセの十戒

一、ヤハウェを唯一の神とし、
それ以外を認めてはならない
二、偶像をつくってはならない
三、神の名をみだりに唱えてはならない
四、六日働いたら七日目は「安息日」と
しなければならない
五、父母を敬わなければならない
六、人を殺してはならない
七、姦淫をしてはならない
八、盗んではならない
九、偽証してはならない
十、隣人の家をむさぼってはならない

＊**割礼**：文化や宗教上の理由から男性器の包皮の一部を切除する風習。神との契約のしるしとして、生後間もない乳児にほどこす。

発展

ユダヤ教

ユダヤ教、キリスト教、イスラム教の関係は？

聖地エルサレムを巡って関係を続けている

紀元前1世紀に、エルサレムはローマ帝国に征服されました。そして、紀元30年ごろナザレのイエスがユダヤ教を批判します。ユダヤ教関係者はイエスを断罪するためにローマ帝国に引き渡し、イエスはゴルゴダの丘で十字架にかけられることになります。現在この地には、聖墳墓《せいふんぼ》教会《きょうかい》が建てられています。

その後、キリスト教はローマ帝国の国教の地位を獲得します。これによって、**ユダヤ人とユダヤ教は、長く差別と迫害を受けることになります。**

ユダヤ人は、ローマ帝国の支配に対して反乱を起こしますが、これに失敗してユダヤ教の神殿は破壊されます（紀元70年ごろ）。

このとき、神殿の丘を取り巻く城壁の一部が残りました。**これが「嘆きの壁」と呼ばれ、ユダヤ教徒の心のよりどころとなっています。**

7世紀以降、イスラム勢力が台頭してエルサレムもその支配下に置かれることになります。イスラム教徒は、かつてユダヤ教の神殿があった「神殿の丘」に、「岩のドーム」と呼ばれるモスクを建設しました。

その中心に置かれた岩には、預言者ムハンマドがこの岩から天国へ昇ったという伝承があります。**イスラム教徒にとっても岩のドーム、そしてエルサレムは聖なる土地だとされているのです。**

しかし、イスラム教はほかの宗教には寛容でした。以後の**エルサレムは、十字軍がエルサレムを奪還してイスラム教徒やユダヤ教徒を駆逐したおよそ1世紀半の間を除き、三つの宗教に共通した聖地であり続けています。**

ユダヤ教とキリスト教、イスラム教の関係

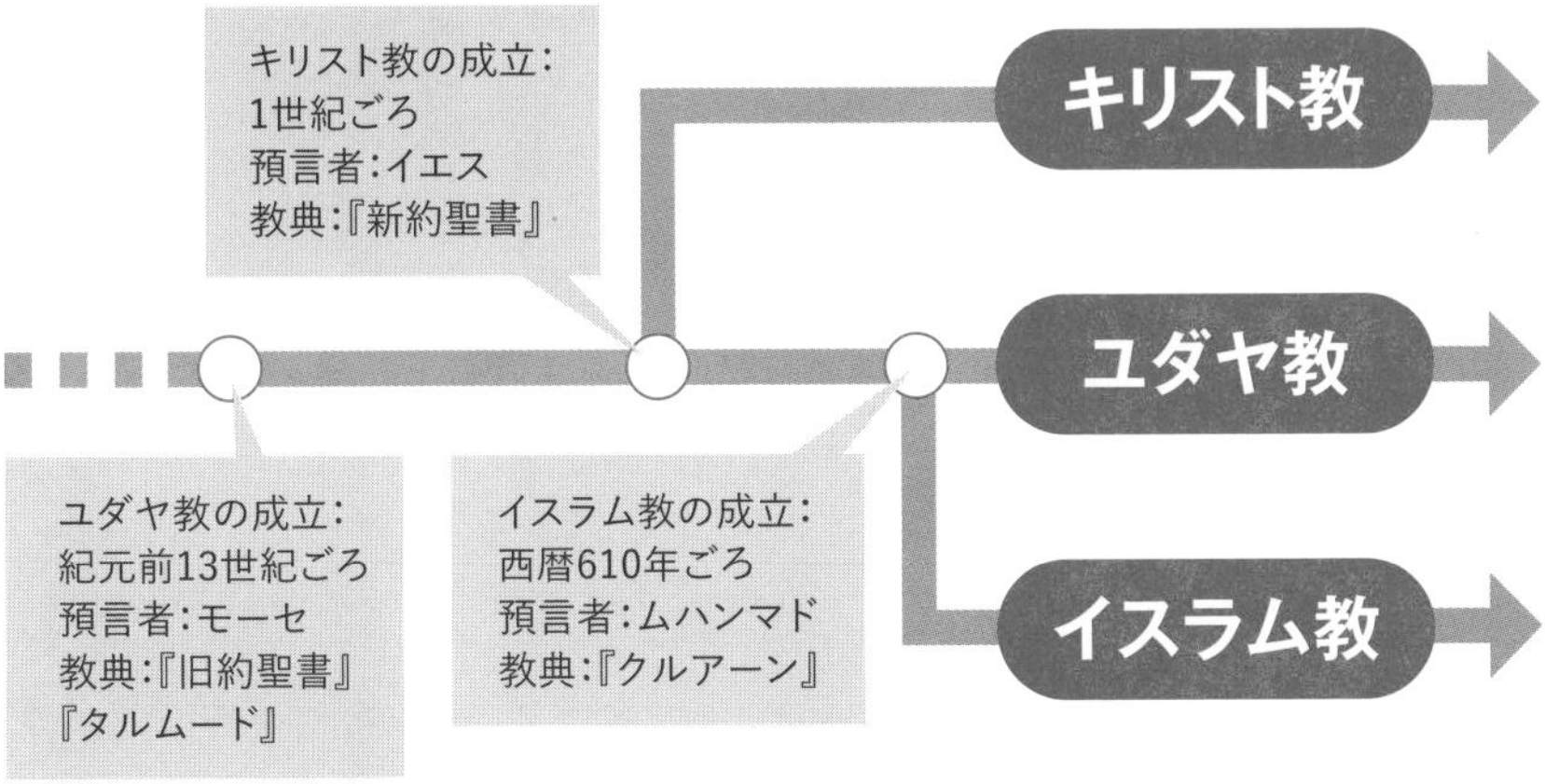

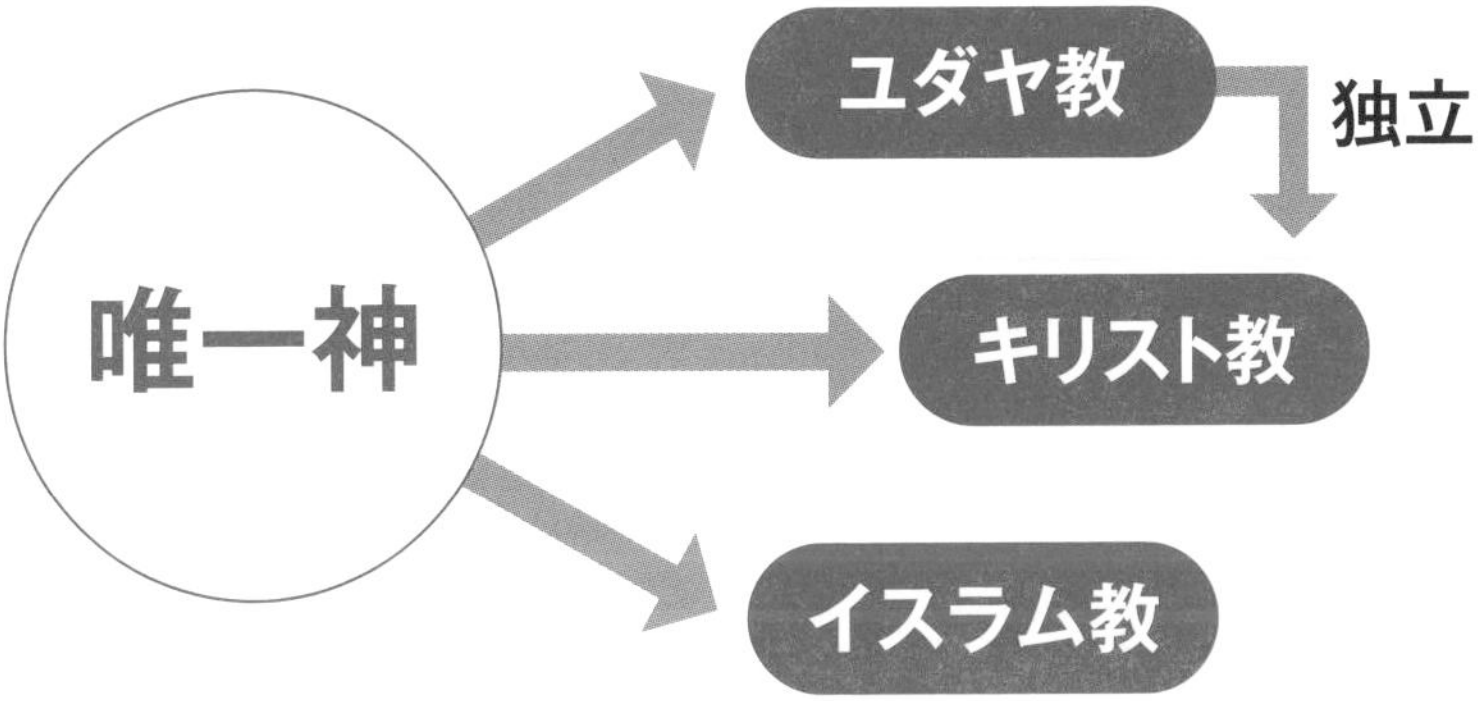

破壊されたユダヤ教神殿の城壁の一部が嘆きの壁として残っている

起源

シーク教

インド生まれのシーク教って、どんな宗教？

聖典とグルの言葉を真理として絶対帰依する

シーク教は、16世紀初頭、インド北西部で生まれた比較的新しい宗教です。開祖は、カースト制度の武人階級（クシャトリア）出身のナーナク（1469～1539年）です。

シーク教はもともとヒンドゥー教の一派でしたが、イスラム教の強い影響を受けたことで、多神教を否定して唯一絶対の神を崇拝し、カースト制度による階級差別や人種差別にも反対の姿勢をとりました。

ナーナクは、自分の宗教の優位性を主張してほかの宗教より上位に置こうとする教条主義《きょうじょうしゅぎ》を否定し、**博愛主義や平等主義に基づく民衆主体の宗教を目指しました。**33歳のとき突如として神からの啓示を受け、それから25年かけて、全インドに自らの体験を伝える布教の旅を行ないます。さらにはアラビアのメッカやメディナ、中央アジアやペルシャなどにも旅して布教活動を続けました。やがて生まれ故郷に帰ったナーナクは、賛同する人々を組織して教団の基礎を築き、既成の宗教を超克《ちょうこく》することで、社会的・文化的改革を実現しようとしました。このような活動によって、ナーナクはヒンドゥー教徒からもイスラム教徒からも聖者とみなされ、宗教者としてインド文化圏では特筆する存在となっています。

ちなみにシークというのは「弟子」という意味で、グル（導師《どうし》）に対応する言葉です。**聖典とグルの言葉を真理として絶対帰依するところに、シーク教の特徴があります。**

また、*偶像崇拝《ぐうぞうすうはい》を認めないため、礼拝堂には像や聖画はありません。

シーク教とはこのような宗教

教祖：ナーナク

●インドにおけるシーク教徒の州別分布

州	教徒の割合（2011年）
パンジャーブ州	58.0%
チャンディーガル	13.1%
ハリヤーナー州	4.9%
首都・デリー	3.4%
ウッタラーカンド州	2.3%
ジャンムー・カシミール州	1.9%
ラージャスターン州	1.3%
ヒマーチャル・プラデーシュ州	1.2%

シーク教の聖地アムリトサルにある黄金寺院。ゴールデンテンプルとも呼ばれている。アムリトサルは16世紀後半ごろにシーク教信者によってつくられた街である

＊**偶像崇拝**：土や木、金属などでつくられた神仏像や絵画を、信仰の対象として崇拝すること。ユダヤ教やキリスト教、イスラム教などで禁じられている。

発展

シーク教

シーク教はどうして戦う集団となったの？

ムガール朝の支配に対抗するため軍事化した

16世紀後半、インドはトルコ系イスラム王朝である*ムガール帝国に支配されていました。そのなかでシーク教は反ムガール的傾向を強め、**第10代グルのゴービンド・シン時代に軍事的宗教団体（カールサー）を組織して、ムガール朝の支配に対抗しました。**

18世紀には、シーク教は統一王国を築きます。洋式の軍隊を整備したシーク教国は、強国として周辺から恐れられる存在となっていきます。19世紀には、当時インドに進出していたイギリスと激しい戦いを展開するのですが、シーク教国は敗れてしまうのです。

イギリスは、この勝利をきっかけに、インド全体の支配を完成することができました。

そして、1947年にインド、パキスタン両国が独立分離したとき、シーク教徒はインドへの帰属を選ぶことになります。

シーク教の聖典は、『グラント・サーヒブ』です。第5代グルのアルジュン・シンの時代に、それまでのグルの言葉や詩、聖歌が編集されたものです。

第10代グルのゴービンド・シンの「これからは人間のグルを後継者とせず、かわりに聖典をグルとするように」という遺言に従って、これがグルとみなされるようになりました。

またシーク教徒には、左のページにあるような「五つのK」を身につけなければならないとされています。**第10代グルのゴービンド・シンがカールサーを組織したときに取り決めた装いがこれなのです。**

シーク教徒が身につける「五つのK」

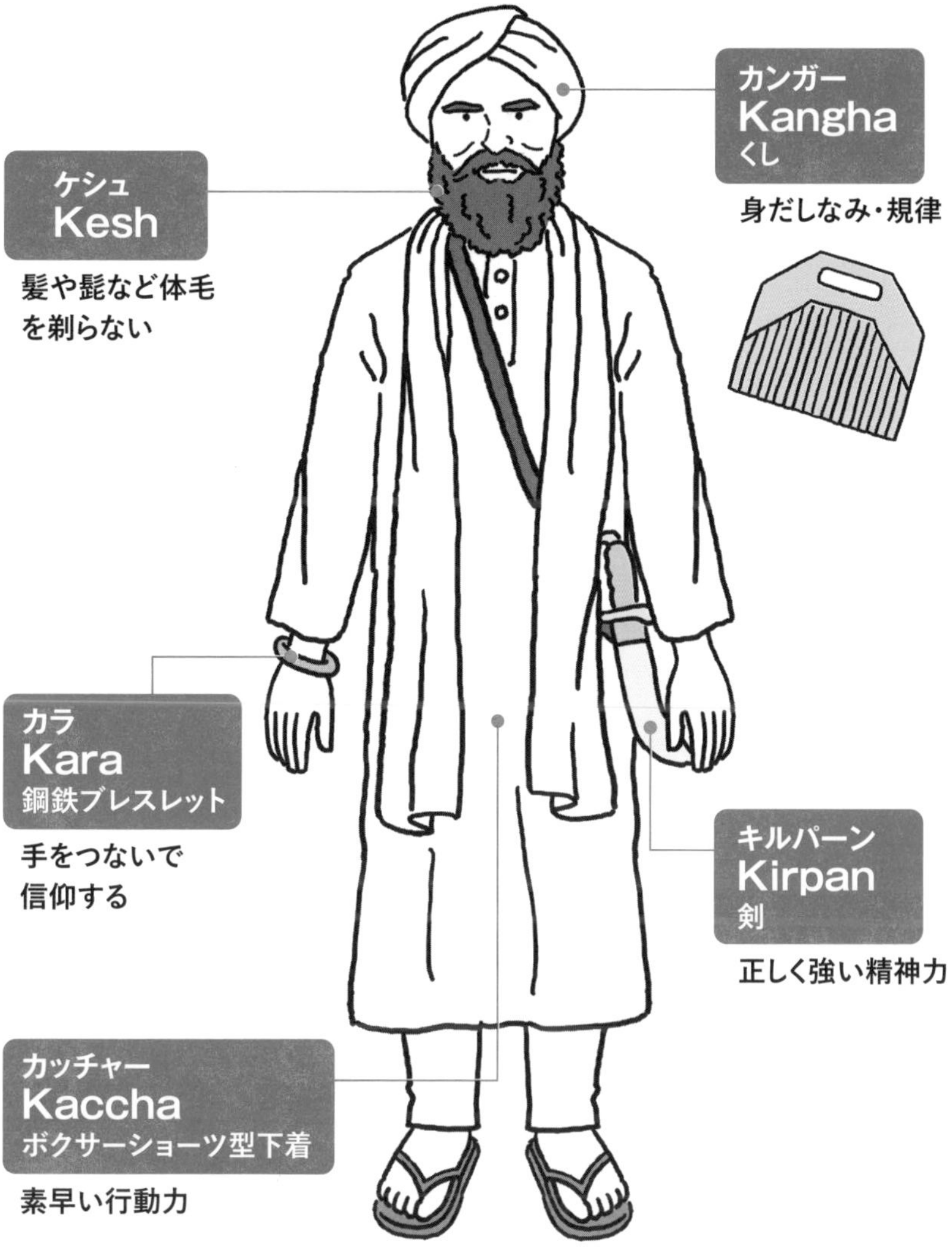

＊**ムガール帝国**：インド史上最大の帝国。1526年に建国。第3代アクバルは北インド全域を支配した。その後、西欧勢力の進出などにより急速に衰退し、1858年にイギリスに滅ぼされた。

起源

儒教

中国で生まれた儒教は何を教えているの？

混迷していた社会を救う思想として生まれた

中国の春秋戦国時代《しゅんじゅうせんごくじだい》の末期、乱世に生きた思想家の孔子《こうし》（紀元前552年～紀元前479年）が、**時代の混迷から人々を救う思想をつくりあげたのが儒教《じゅきょう》の始まりです。国をおさめるには法律を厳しくするより、道徳や礼儀によって人々を教化すべきであるというのが、その根本的な思想となっています。**この思想は、孔子の門人の教えを受けた孟子《もうし》（紀元前372年～紀元前289年）に引き継がれました。

儒教は、*漢《かん》の武帝《ぶてい》の紀元前136年に国教と定められ、帝王学として、あるいは君臣《くんしん》のおさめる学問として、主に政治の世界で独自の発展を遂げていきました。

ちなみに、「儒教」という呼びかたは、外来の仏教に対抗する意味で、紀元300年ごろに生まれたといわれています。

儒教の教えの根本となる教典が「四書五経《ししょごきょう》」です。四書とは『大学《だいがく》』『論語《ろんご》』『孟子《もうし》』『中庸《ちゅうよう》』の四つの書物のことです。儒教を学ぶうえでの心構えや基本的な道徳観、孔子や孟子との対話集から構成されています。

五経とは『詩経《しきょう》』『書経《しょきょう》』『礼記《らいき》』『易経《えききょう》』『春秋《しゅんじゅう》』の五つの書物のことで、儒教において最も重要な「仁《じん》・義《ぎ》・礼《れい》・智《ち》・信《しん》」の五つの徳を説いています。

儒教の教えのなかで特に人間関係について定めた五つの徳を「五倫《ごりん》」といいます。具体的には、左のページにあるように、父子、君臣、夫婦、長幼《ちょうよう》、朋友《ほうゆう》のそれぞれの間での守るべき徳、つまり、親《しん》、義《ぎ》、別《べつ》、序《じょ》、信《しん》についての教えです。

人間関係の基本を定めた「五倫」

君臣の義
君と臣は
道徳・倫理に
かなった結び
父子の親
父と子は親愛で
結ばれている
夫婦の別
夫と妻は役割
が異なる
長幼の序
年下は年上
に従う
朋友の信
友はお互いに
信頼する

孔子

孟子

＊**漢の武帝**：中国の古代、前漢（紀元前206～紀元8年）の第7代皇帝（在位は紀元前141年～紀元前87年）。彼の治世下で、前漢は最盛期を迎えた。

起源

道教

道教の教えの根本である「タオ」って、何？

民族の精神文化や生活信条に結びつき発展

道教《どうきょう》は、儒教と並んで中国土着の宗教と呼べるものです。中国民族の精神文化、生活信条と密接に結びついた民族宗教といえます。

そもそもは、漢の時代以前のさまざまな「自然信仰」、「神仙《しんせん》信仰」、「呪術《じゅじゅつ》信仰」、「祖先信仰」などが融合したものといわれています。

道教は*老子《ろうし》によって創始されたと考えられてきましたが、これには異論があります。老子そのものが実在を疑われる人物であり、道教の前身とされている太平道《たいへいどう》や五斗米道《ごとべいどう》などの教団が成立したのが2世紀半ばで、紀元前6世紀とされる老子の時代から数百年後のことだからです。

道教の教えの根本は、「道＝タオ」と「無為自然《むいしぜん》」です。道教でいう「タオ」とは、人知の及ばない自然の運命の法則といった意味です。そして、「無理をせず、なすがままに生きる＝無為自然」という姿勢がよしとされているのです。

道教が民間信仰として広まるのにともなって、内的な修行の方法から仙術《せんじゅつ》の習得方法まで、さまざまな教典が生まれてきました。そのなかには多くの仙人や神々が登場し、時代を経るごとにそのバラエティーは豊かになっていきました。

道教は、仏教と同じころに日本へ伝わったといわれています。しかし、独立した宗教としては定着しませんでした。ただ、**道教の一部である呪術信仰が、「鬼道《きどう》」と呼ばれて日本文化に浸透していきます。**

そして、陰陽師《おんみょうじ》が道術を取り入れて日本独自の陰陽道《おんようどう》が生まれました。陰陽道と道教は根本の部分で似通っているところが多いのです。

道教の代表的な神々とは？

関帝《かんてい》

武将の関羽《かんう》が神格化。宋代に道教信仰の式神

玉皇大帝《ぎょくこうたいてい》

天、上帝、天帝の概念が神格化。宋代には最高神になった

十王《じゅうおう》

冥界の王。仏教の冥界と中国伝統思想が融合した十王。仏教的民間信仰の「十三仏」となる

竜王《りゅうおう》

漢代の竜説話と仏教・竜王説が結びつき、民間信仰の神となった。雨ごいの神として定着

太上老君《たいじょうろうくん》

老子が神格化。新天師道では最高神

＊**老子**：中国古代の思想家で、生没年は不詳。老子とは「偉大な人」というほどの意味。紀元前6世紀ごろの人、同4世紀ごろの人、あるいは神話上の人物だとする説などがある。

起源

ジャイナ教

インドで2500年も続くジャイナ教とは？

仏教に似ているが戒律はとても厳しい内容

ジャイナ教は、ブッダとほぼ同時代のマハーヴィーラを始祖として、インドで2500年に及ぶ歴史を持っています。**教えは仏教とかなり共通点はありますが、戒律については仏教より厳しく、徹底した苦行・禁欲主義を特徴としています。**

マハーヴィーラは、クシャトリア（王族・武人）として生まれましたが、30歳で出家し、12年に及ぶ苦行の末、真理を悟ってジナ（勝利者）となったとされています。ジャイナ教の名はこれに由来しています。

その戒律は、出家者は五つの大誓戒《だいせいかい》を守らなければならないとします。①不殺生《ふせっしょう》、②不妄語《ふもうご》、③不盗《ふとう》、④不淫《ふいん》、⑤無所有《むしょゆう》の五つです。このなかでも①は、アヒンサーといい、ジャイナ教徒にとって最も重要視され、戒律も厳格です。

ジャイナ教はあらゆるものに生命を見出します。動植物はもちろん、地・水・火・風・大気などに霊魂《れいこん》を認めています。そのため、ジャイナ教の出家者は、空気中の小さな生物を殺さないように口にマスクをし、路上の生物を踏まないように箒を持って歩くのです。

無所有の教えも徹底しています。衣さえ身につけない派があり、これを裸行派《らぎょうは》と呼んでいます。これに対して、白衣だけは身につける白衣派《びゃくえは》があります。ただし、裸行派には女性の出家者はいません。

このように**非常に戒律が厳しいので、現在、ジャイナ教信者はインドに200万人にとどまります。**職業としては、殺生の機会の少ない商業関係者が多いといわれています。

ジャイナ教の厳しい戒律

不殺生《ふせっしょう》	殺生しない
不妄語《ふもうご》	嘘をつかない
不盗《ふとう》	他人のものを盗まない
不淫《ふいん》	性行為をしない
無所有《むしょゆう》	私有財産を持たない

厳格に不殺生を守るためのいでたち

インドの小都市カジュラーホーの寺院群にあるジャイナ教の寺院

起源

ゾロアスター教

善神と悪神のいるゾロアスター教って、何？

世界観や教えは多くの宗教に影響を与える

紀元前6世紀ごろ、古代イラン（ペルシャ）**で生まれた古代宗教の一つが、ゾロアスター教です。**開祖は預言者《よげんしゃ》ゾロアスター（ツァラトゥストラの名でも知られる）で、**火を崇拝することから「拝火《はいか》教《きょう》」とも呼ばれています。**

アケメネス朝ペルシャ時代に勢力を拡大し、ササン朝ペルシャ（紀元前3〜紀元後7世紀）の時代には国教に定められました。7世紀後半、イスラム教の台頭によって、ペルシャを中心に広まっていたゾロアスター教は衰え、その中心をインドに移すことになります。

インドのゾロアスター教徒はパルシーと呼ばれています。そのなかにはかなりの財力と地位・権力を得た人々が多く、現在でもインド社会のなかで少数派ながら大きな力を維持しています。

ゾロアスター教の教義の最大の特色が、善悪二元論と終末論です。聖典『アヴェスター』によれば、この世界は最高神アフラ・マズダーをいただく善神群と、悪神アングラ・マインユらの勢力が争う場であり、生命・光と死・闇との戦いであるとしています。そして、*最後の審判で善の勢力が勝利をおさめ、新しい理想世界に生まれかわるというのです。

ゾロアスター教では、人は善思、善語、善行の三つの徳を行なうように求められます。そして、死後に審判を受けて天国か地獄のどちらかへ行くとされています。

こうしたゾロアスター教の世界観や最後の審判などの観念は、以後、多くの宗教に影響を与えています。

アフラ・マズダーと、対峙する七大悪魔

アフラ・マズダー
ゾロアスター教の主神

天空・水・大地・植物・動物・人・火の順に世界を創造した

対峙

アングラ・マインユ
大魔王。死・虚偽・病い・凶暴など、さまざまな悪しき存在を生み出す

タローマティ
「背教」を意味する悪魔。信仰の深さ、調和などと対立する

ジャヒー
女の悪魔。売春婦を支配している

バリガー
ドゥルズーヤ、クナンサティー、ムーシュといった女悪魔の総称のこと

ドゥルジ
疫病をもたらす女の悪魔。自然現象の秩序を乱す悪魔

アエーシュマ
怒り、欲望を司る悪魔。人々に悪行をそそのかす。キリスト教の悪魔であるアスモデウスの原型とされている

アジ・ダハーカ
頭と口を三つずつ持って毒や火を噴き出す。人の姿をして地上に現れ、正しい人をそそのかす

＊**最後の審判**：ユダヤ教、キリスト教、イスラム教にもある世界観であり、この世の最後のとき、生前の行ないによって天国行きか地獄行きかが決められるという信仰。

起源

バハーイ教

イスラム教から生まれたバハーイ教とは？

すべての宗教の根源は一つであるという教え

バハーイ教の創始者は、バハー・アッラーというイラン人で、バハーイ教はイスラム教シーア派から生まれたバーブ教から、さらに派生して生まれました。バーブ教は、1844年に創始者バーブによって始められ、イラン全土に急速に広まりました。

しかし、当時のイランを支配していたカジャール朝政府から激しい弾圧を受けてバーブが処刑され、その跡を継いだのがバハー・アッラーでした。バーブ教信者の大半が彼のもとに統括され、バハーイ教が成立したのです。

バハーイ教では、創始者のバハー・アッラーとバーブ教の創始者バーブのふたりが、預言者として崇拝されています。そして、**すべての宗教の根源は一つであるとの教義のもとに、人類の平和と統一を究極の目的としてあらゆる種類の偏見の排除、男女両性の平等、科学と宗教との調和、貧富の差の排除などを説いています。**

バハーイ教では「19」を聖なる数として、1カ月は19日、1年は19カ月という独特の暦を持っています。毎月1日に信者の集会が開かれ、聖典を読んで祈りを捧げ、運営を協議します。最後の19月には、日の出から日没まで断食が行なわれます。

現在、イスラエルのハイファ市に本部を置き、世界各国にバハーイ教徒による礼拝センターが建設されており、ここには病院や学校などの施設も付属しています。

開かれた宗教で、社会活動も盛んです。イラン、インド、アメリカ、西ヨーロッパなど、世界に約700万人の信者がいるといわれています。

バハーイ教をキーワードで知る

礼拝 戒律が緩いバハーイ教でも義務

瞑想 聖典の本質を見つめるため設けられている。礼拝とは別に1日2回行なう

聖約 信者の団結を守り、和合を保つため聖約

断食 バハーイ暦、最後の19月に日の出から日没まで行なう

バハーイ教の創始者であるバハー・アッラー

バハー・アッラーの教え

1 人々はすべて一つの地球家族
2 真理は自らの手で探す
3 世界平和を達成する
4 あらゆる偏見を排除する
5 男女は平等の機会、権利、人権を持っている
6 世界中で義務教育を普及させる
7 科学、宗教の調和
8 貧富の差の排除
9 世界裁判所を設立する
10 国際補助語を採用する
11 自国政府に従う
12 宗教は世界の人々を和合させるためのもの

イスラエルにあるバハーイ教の世界本部

新宗教

起源

近代の日本で、どんな宗教が生まれたの？

神道系と仏教系の数百の宗教が活動している

明治政府が「神仏分離《しんぶつぶんり》」を断行して、国家によって神社を管轄する制度を確立させていったことは、すでにお話しました（90～91ページ参照）。

その過程で、神社は布教・教化は行なわず、神道教派の人々が教化に関わるという体制もできあがっていきました。

１８７６（明治9）年に黒住教《くろずみきょう》と神道修成派《しんとうしゅうせいは》が一派として独立し、１９０８（明治41）年に天理教《てんりきょう》が公認されて、最終的に13教派となり、神道十三派と呼ばれるようになりました。

それが、黒住教、神道修成派、出雲大社教《いずもおおやしろきょう》、扶桑教《ふそうきょう》、実行教《じっこうきょう》、神習教《しんしゅうきょう》、大成教《たいせいきょう》、御嶽教《おんたけきょう》、神道《しんとう》（本局）、神理教《しんりきょう》、禊教《みそぎきょう》、金光教《こんこうきょう》、天理教です。

黒住教、天理教、金光教などは幕末《ばくまつ》に創設されましたが、近代日本に次々と現れた新しい宗教運動や団体を総称して、「新宗教」と呼んでいます。今日まで生まれた新宗教の累計となると、少なくとも数千にのぼるとみられますが、現在活動していることが確認されるのは数百ほどです。

新宗教は、大まかに神道系と仏教系に分けることができます。神道系では教祖の神がかり体験が創始の契機となったものが多く、仏教系では創始者自らの仏《ほとけ》や菩薩《ぼさつ》への信仰を人々にわかりやすく説くという形が多く見られます。仏教系は、日蓮《にちれん》・法華《ほっけ》系及び密教《みっきょう》系がほとんどで、禅宗《ぜんしゅう》系や浄土《じょうど》系はほとんど見られません。

新宗教の信仰においては、教祖《きょうそ》が生き神・生き仏的存在になっている場合が多く、教えはわかりやすい言葉で表現されて、*現世利益《げんせりやく》を目指すことが多いのも特徴となっています。

伝統的な宗教と新宗教の違いとは?

	伝統宗教	新宗教
創始者	もともと宗教家が大半	サラリーマンや農民などが教祖になることが多い
教師の資格	宗派・教派の学校で資格を得ることが多い	特別な学校はない
組織	地域社会で固定	支部が増えることがある
教え	分かりにくい教文がある場合もある	わりやすい表現

奈良県天理市にある広大な天理教教会本部。
中庭は野球場並みの広さがあるという

＊**現世利益**：この世で受けられる御利益のこと。読経したり、念仏を唱えるなどすれば、長生きできたり、病気にならなかったりするなどと信じられている。

エピローグ

宗教は人間の根源的不安に応えられるのか

自分は何のためにこの世に存在するのか？

自分が死んだらどうなるのか？

人間は長い歴史のなかで、これらの根源的な不安や悩みに頭を悩ませ、納得できる答えを見つけ出そうとしてきました。しかし、多くの人にとって、その答えを得るのは容易ではありません。

特に死後の世界については、人間にとって大きな不安の源となっています。この疑問に、体系だった答えを用意しているのが宗教だといえます。

それぞれの宗教が、人間が死んだらどうなるか、といった疑問に対する教義を持っているからです。

例えば、最後の審判で裁きを受けて天国行き、あるいは地獄行きが決まるとか、生前の行為によって次に生まれかわる世界が決まるとか、信心のあついものは極楽浄土《ごくらくじょうど》に行けるとか、死者はみんな*黄泉の国《よみのくに》に行くのだとか――。

宗教はこのようなさまざまな教義によって、死への不安を和らげる役割を果たしました。宗教は死や自然の猛威への恐怖や不安がもとになって生まれたと、いっていいかもしれません。

ところが、最近になって人々の死生観に変化の兆しが見えてきました。日本で、ある特定の宗教による伝統的なお葬式は必要ない、と考える人が増えてきているからです。散骨《さんこつ》や自然葬などで故人を見送ろうという動きです。

例えば、自然葬には樹木葬《じゅもくそう》も含まれます。樹木の根元に遺骨を埋める新しい葬法ですが、このような動きはますます高まっていくと思われます。

社会が複雑になっていくにつれて、人々の不安感はより増すことでしょう。そうしたなかで、さまざまなかたちで人々はよりどころとなるものを探し続けることでしょう。

死後についてのさまざまな考えかた

天国と地獄

死後

生前の行為 → 善 → 天国

生前の行為 → 悪 → 地獄

輪廻転生《りんねてんしょう》

ヒンドゥー教、仏教に見られる概念

前世	現世	来世
人や動物など	→	天界 / 人間界 / 地獄界など

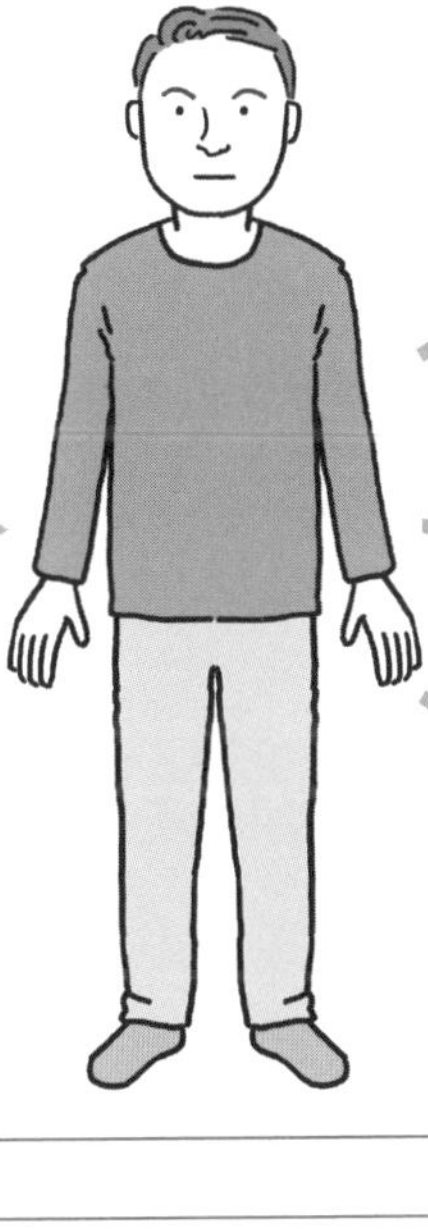

死者の国

神道にもこうした考えがあり、死んだら死者の国（黄泉《よみ》）へ行くとされる

＊**黄泉の国**：黄泉とは、日本神話における死者の世界のこと。黄泉とは「地下にある泉」というほどの意味。『古事記』『日本書紀』『風土記』などで記述されている。

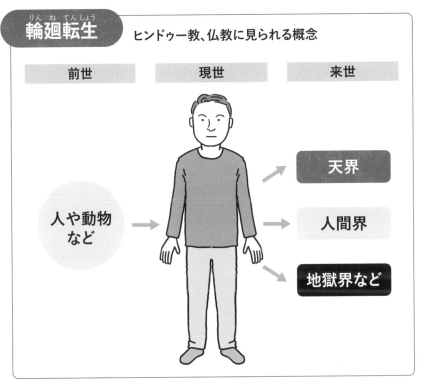

監修者

星川啓慈 （ほしかわ・けいじ）

1956年生まれ。1984年、筑波大学大学院哲学・思想研究科博士課程単位取得退学。1990年、日本宗教学会賞受賞。現在、大正大学文学部教授。博士（文学）。専門は宗教学・宗教哲学。主な著書に、『言語ゲームとしての宗教』（勁草書房、1997年）、『宗教と〈他〉なるもの』（春秋社、2011年）、『宗教哲学論考』（明石書店、2017年）、『増補　宗教者ウィトゲンシュタイン』（法藏館、2020年）など。その他、訳書・編著書多数。

編集協力

松野智章（東洋大学文学部非常勤講師、博士（文学））

渡辺隆明（大正大学文学部非常勤講師、博士（文学））

主要参考文献

『世界の宗教 知れば知るほど』（星川啓慈監修、実業之日本社）、『図解雑学 宗教』（井上順孝著、ナツメ社）、『オールカラーでわかりやすい！　世界の宗教』（渡辺和子、西東社）、『聖書』（聖書協会共同訳、日本聖書協会）、『イスラームの生活を知る事典』（塩尻和子・池田美佐子著、東京堂出版）、『岩波 イスラーム辞典』（大塚和夫他編集、岩波書店）、『岩波 仏教辞典』（中村元他編集）『神道事典』（國學院大學日本文化研究所、弘文堂）ほか。そのほか関係する各Webサイト等を参照しました。

眠《ねむ》れなくなるほど面白《おもしろ》い

図《ず》解《かい》 世《せ》界《かい》の宗教《しゅうきょう》

2020年7月20日　第1刷発行
2022年4月20日　第3刷発行

監修者　星川啓慈《ほしかわけいじ》
発行者　吉田芳史
印刷所　株式会社光邦
製本所　株式会社光邦
発行所　株式会社日本文芸社
〒135-0001 東京都江東区毛利2-10-18　OCMビル
TEL 03-5638-1660［代表］
URL https://www.nihonbungeisha.co.jp/

Printed in Japan 112200707-112220404 Ⓝ 03　(300035)
ISBN978-4-537-21806-0
編集担当・水波 康

内容に関するお問い合わせは、小社ウェブサイトお問い合わせフォームまでお願いいたします。
https://www.nihonbungeisha.co.jp/